Alfred Hausen
Die Priester-Zwillinge

Alfred Hausen

Die Priester-Zwillinge

Hochwürden im Doppelpack erzählen aus ihrem Leben

benno

Bibliografische Information der Deutschen Bibliothek
Die Deutsche Bibliothek verzeichnet diese Publikation in der Deutschen Nationalbibliografie; detaillierte bibliografische Daten sind im Internet über http://dnb.ddb.de abrufbar.

Besuchen Sie uns im Internet unter
www.st-benno.de

ISBN 978-3-7462-2686-6

Stammerstr. 11, 04159 Leipzig
Umschlaggestaltung: Ulrike Vetter, Leipzig, unter Verwendung von Fotos der Autoren
Gesamtherstellung: Kontext, Lemsel

INHALTSVERZEICHNIS

VORWORT: BEKENNTNISSE

Zahlreiche Frauen und Männer veröffentlichen am Ende ihres Lebens ihre Memoiren. So ist es an der Zeit, dass auch wir Zwillinge nunmehr unsere Memoiren schreiben. Aber unsere Lebenserinnerungen wollen mehr sein als nur Berichte aus unserem Leben. Sie wollen vielmehr Glaubensbekenntnisse sein, also „Bekenntnisse“ im Sinne des hl. Augustinus.

Vor allem sind es zwei Anliegen, die wir verfolgen. Einmal soll die wunderbare Führung Gottes zum Ausdruck kommen. Wir sind eineiige Zwillinge. Dieses Prinzip der Gleichheit wird nicht nur in biologischer, sondern auch in geistiger und geistlicher Sicht erkennbar. Das ist kein Zufall, sondern Fügung Gottes. Zum anderen soll aber auch deutlich werden, dass wir den Glauben stets als eine frohe Botschaft erfahren haben. Wir sind „zwei kölsche Jungen“. Uns ist sozusagen der Humor in die Wiege gelegt worden. Diese optimistische Lebenseinstellung aber hat noch einen anderen Grund. Auch Gott ist die Quelle unserer Freude. Deshalb können wir froh und gelassen leben. Wir nehmen das Leben zwar ernst, aber nicht tierisch ernst. Deshalb sind Humor und Lachen Grundbestandteile unseres Lebens. Bewusst haben wir deshalb die köstlichen Verwechslungen und die lustigen Erfahrungen unseres Lebens (Dönekes) besonders herausgestellt, um Sie zum Schmunzeln, vielleicht sogar zum Lachen zu bringen. Federführend war bei der Darstellung der Berichte der Zweitgeborene (Alfred). Alles aber ist vom Erstgeborenen (Heribert) zustimmend zur Kenntnis genommen worden.

Alfred und Heribert Hausen

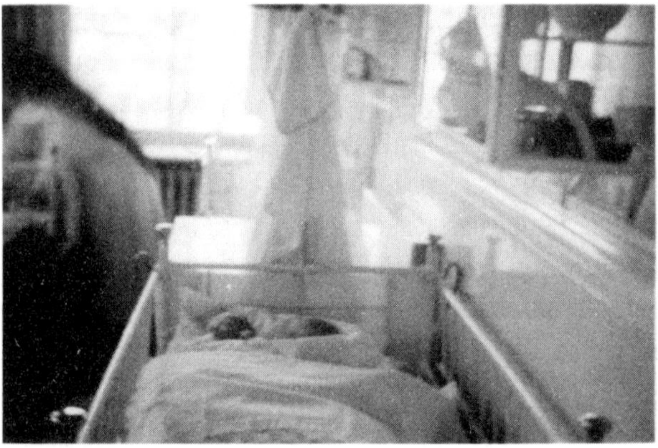

Zwillinge in der Universitäts-Klinik Köln-Lindenthal

1. KAPITEL: KINDHEITSJAHRE

1. Geburt

Es war eine Sternstunde der Menschheit, die Sonne stand still, der Mond verlor seinen Schein, die Sterne am Himmel funkelten, als die Zwillinge Heribert und Alfred als Söhne des Ehepaares Christian und Katharina Hausen unter dem Sternzeichen des Wassermanns das Licht der Welt erblickten.

Die Mutter hatte alles für ein Mädchen vorbereitet. Sie hatte bereits Mützchen, Jäckchen und Höschen gehäkelt; natürlich in rosa, denn das war die Farbe für Mädchen, während die Jungen damals als Baby blau trugen. Welch eine Enttäuschung! Da kam am 24.01.1936 um 9.00 Uhr ein Junge zur Welt, mein Bruder Heribert. Plötzlich meinte der Arzt: „Was ist das denn? Da setzen die Wehen noch einmal ein." In der Tat, da kam dann der Zweitgeborene (Alfred) um 9.15 Uhr zur Welt. Wir waren Acht-Monats-Kinder (Frühchen würde man heute sagen), jeder nur 2,5 Pfund schwer, beide sehr erbärmlich. Unsere Mutter war nach der Geburt fix und fertig. Das merkte auch der Arzt. Um unserer Mutter etwas Mut zu machen, sagte er: „Gratulation Mutter, da haben sie zwei stramme Jungen geboren. Darauf können Sie stolz sein. Es sind Wassermänner (Sternbild). Das werden einmal zwei tüchtige Männer werden." Zur Krankenschwester hingewendet, meinte der Arzt leise, aber meine Mutter konnte es verstehen: „Wer weiß, ob sie heute Abend noch leben?" Das war im Vinzenzkrankenhaus in Köln-Nippes.

Um zu überleben, wurden wir zur Universitätsklinik nach

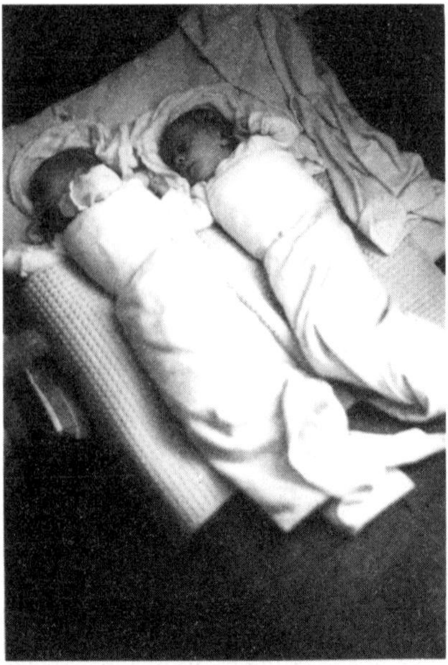

Zwillinge als Säuglinge zu Hause

Köln-Lindenthal gebracht. Dort legte man uns in einen Brutkasten; wir mussten ja noch einen Monat nachholen. Von einer Ordensschwester empfingen wir die Nottaufe.

Die Mutter kam allmählich wieder zu Kräften und freute sich, dass sie zwei Jungen zur Welt gebracht hatte, die zwar noch nicht ganz entwickelt, aber doch gesund waren. In dieser Freude sagte sie zu Fred, einem Freund meines Vaters: „Willst du mal meine beiden Jungen sehen, die in der Lindenburg in einem Brutkasten liegen?“ Fred tat der Mutter den Gefallen. Als er uns so erbärmlich, noch ohne richtige Haut im Brutkasten liegen sah, meinte er: „Wie, das sind deine Kinder? Die sehen ja aus wie Aape (Affen).“ Das war natürlich eine sehr verletzende und taktlose Bemerkung, die ein lautes Heulen der Mutter zur Folge hatte.

Nachdem wir die gemeinsame Zeit im Brutkasten gut überstanden hatten, durfte unsere Mutter die beiden Kinder mit nach Hause nehmen. Zwei kleine Jungen auf einmal, das war für die Mutter eine gewaltige Aufgabe. Wir machten es aber der Mutter auch nicht gerade leicht. Wenn der eine aufhörte zu schreien, fing der andere an. Aber Vater und Mutter taten alles, damit die beiden Kinder glücklich und zufrieden heranreiften.

Wir waren uns als eineiige Zwillinge so ähnlich, dass unsere

Mutter uns manchmal verwechselte. Als wir beide schon etwas herangewachsen waren, fuhr unsere Mutter mit beiden Söhnen auf dem Fahrrad, einer vorne, der andere hinten im Körbchen, nach Liblar zu einer Bekannten, die wir Kinder als Tante Traudchen kannten. Am nächsten Tage hatte der Erstgeborene (Heribert) 40 Grad Fieber und lag krank in seinem Bettchen. Er musste zum Arzt. In ihrer Aufregung schnappte die Mutter den anderen Zwilling (Alfred) und lief mit ihm zum Arzt, der den Jungen untersuchte und meinte: „Das Kind ist kerngesund und hat kein Fieber. Lassen Sie den mal hier und holen sie den andern." In der Tat, der andere Zwilling lag in den letzten Zügen und konnte nur durch eine sofortige Bluttransfusion gerettet werden. Seitdem musste die Mutter immer mit beiden Jungen zum Arzt kommen.

Mutter Hausen mit den Zwillingen zu Hause in Köln-Ehrenfeld

Circa vier Jahre lang lebten wir mit unseren Eltern glücklich und zufrieden in Köln-Ehrenfeld. Wann immer mein Bruder, der Erstgeborene, auf sein Erstgeburtsrecht pochte, meinte ich: „Bilde dir darauf nur nichts ein, schließlich bin ich die zweite verbesserte Auflage." (Übrigens habe ich immer noch die stille Vermutung, dass schon bei der Geburt eine Verwechslung vorgekommen ist,

d. h., dass ich vielleicht doch der Erstgeborene bin. Dennoch spielte diese Frage immer eine untergeordnete Rolle, da meine Eltern keinen Bauernhof zu vererben hatten.)

Vater Hausen mit Zwillingen im Karnevalskostüm vor dem Haus in der Pius-Straße in Köln-Ehrenfeld

2. Kommern / Eifel

Die anfangs glückliche Ehe verlief nicht gut. Nach vier Jahren ließen sich unsere Eltern scheiden. Das war für uns Zwillinge ein erster harter Schicksalsschlag. Später haben wir die Worte durch eigenes Erleben verstanden: Unter der Scheidung leiden am meisten die Kinder. Denn die Kinder lieben immer beide Elternteile.

Unser Vater war von Beruf gelernter Dreher und bei der Autofirma Ford in Köln beschäftigt. Außerdem war er musikalisch sehr begabt. Die Musik war sein Hobby. Er spielte Geige, Saxofon und Schlagzeug. Mit seinen Freunden spielte er ab und zu

Auf einem Ausflug ins Siebengebirge bei Königswinter. Wir reiten mit dem Esel auf den Drachenfels.

sonntags nachmittags in Kölner Cafes. Die Mutter war mit der Aufgabe als Hausfrau und Mutter mit zwei Jungen ausgefüllt. Später kam noch ein Mädchen mit Namen Ingeborg hinzu, das aber nach acht Monaten an schwarzen Pocken starb.

Nach der Scheidung erhielt die Mutter das alleinige Sorgerecht, weil die Kinder noch klein waren. Da es so gut wie keine soziale Absicherung gab, musste die Mutter arbeiten gehen. Sie fand eine Stelle als Bürohilfe bei der Allianz-Versicherung in Köln. In der Innenstadt hatte sie sich ein möbliertes Zimmer gemietet. Die Zwillinge kamen in ein Kinderheim nach Kommern in die Eifel zu Vinzentinerinnen. Wir haben zeitlebens eine große Achtung vor der Lebensleistung dieser Ordensfrauen gehabt, die sich in Kinderheimen, Krankenhäusern und Altersheimen liebevoll und engagiert um die Menschen in Not kümmerten. Sie taten es aus Liebe zu Gott und um Gottes Lohn. Dennoch war für uns Zwillinge Kommern die Hölle auf Erden. Kommern gehört zu den schlimmsten Erlebnissen unserer Kindheit. Wenn wir später als Kinder einmal nicht ganz brav waren, dann war die schlimmste Strafandrohung unserer Mutter: „Wenn ihr nicht sofort zu zanken und streiten aufhört, dann geht es ab nach Kommern.“ Dann waren wir auf einmal die liebsten Kinder auf Erden. Nein, es lag nicht an den Ordensschwestern, die sich mit großer Liebe allen Kindern widmeten. Es war vielmehr die fehlende Nestwärme, die Geborgenheit in einer Familie, die unersetzbare Mutterliebe, die das Dasein in einem Kinderheim zur Hölle machten. Sicher, die Mutter kümmerte sich auch um ihre beiden Kinder, und sie tat alles für uns. In der Woche musste sie von montags bis samstags arbeiten. Jeden Sonntag hat sie uns für einige Stunden besucht.

Die Mutter spürte auch, wie unglücklich ihre Kinder waren, deshalb heiratete sie ein zweites Mal, nur zivil, um den Kindern, so sagte sie immer wieder, ein neues Zuhause zu geben.

Bei der Allianz-Versicherung lernte sie einen 20 Jahre älteren Mann kennen, mit dem sie schließlich die Ehe einging. Auch er war schon einmal verheiratet und von seiner Frau geschieden. Er hatte bereits zwei erwachsene Söhne, die beide im Krieg gefallen sind. Der Stiefvater war gut zu uns, und wir hatten wieder ein neues Zuhause. Wir zogen dann nach Köln-Mühlheim, wo unser Stiefvater als Prokurist bei einer Firma, die Luftschutzbunker baute, eine Stelle bekam. Aus dieser Ehe ging dann ein Sohn hervor, unser Halbbruder Andreas, der verheiratet ist und mittlerweile drei erwachsene Kinder hat.
Auch unser leiblicher Vater heiratete noch einmal. Aus dieser Ehe ging ebenfalls ein Sohn hervor, unser Halbbruder Klaus-Dieter. Auch er ist verheiratet und hat zwei erwachsene Kinder.

Wir Zwillinge, im Kinderheim in Kommern aufgenommen

Der Kontakt mit dem leiblichen Vater und der Stiefmutter wurde nie aufgegeben. Wir besuchten ihn regelmäßig jeden Monat. Noch heute besteht ein guter Kontakt und das beste Einvernehmen mit allen Familienmitgliedern.

3. Autounfall

In Köln-Mülheim nahm das Leben in der neuen Familie seinen gewohnten Lauf. Im Alter von sechs Jahren wurden wir eingeschult. Wir hatten einen sehr netten Lehrer, der Kinder gerne hatte und uns mit großer Geduld Lesen, Schreiben und Rechnen beibrachte. Wenn wir von der Schule nach Hause kamen, mussten wir erst unter strenger Aufsicht der Mutter unsere Hausaufgaben machen. Dann durften wir auf die Straße gehen, immer aber mit der Bemerkung: „Passt gut aufeinander auf." Wir hatten auch einen gemeinsamen Freund, mit dem wir gerne spielten und unsere Freizeit verbrachten. Er hieß Helmut. So verlief das Leben Tag für Tag, Monat für Monat, Jahr für Jahr.
Dann ereignete sich ein zweiter Schicksalsschlag. Es war der schwere Autounfall meines Bruders Heribert. Wir spielten einmal wieder mit unserem Freund Helmut auf der Straße. Da stand an einer Mauer ein Stromkasten. Ich kletterte an der einen Seite hoch und Helmut an der anderen Seite. Mein Bruder aber wollte in der Mitte auf den Stromkasten klettern, rutschte aber immer wieder runter. Daraufhin meinte unser Freund Helmut: „Auf der anderen Seite der Straße ist auch noch ein Stromkasten, da kannst du dich dann hinsetzen." Ohne auf den Verkehr zu achten, lief mein Bruder gegen einen Lastwagen. Er wurde von ihm zurückgeschleudert, mit aller

Wucht mit dem Hinterkopf auf das Kopfsteinpflaster geschlagen und blieb bewusstlos liegen. Helmut, der das mitbekam, sagte plötzlich zu mir: „Dein Bruder liegt auf der Straße." Da ich mit meinem Klettern so beschäftigt war, hatte ich den ganzen Unfall nicht mitbekommen. Ich ging dann zur Mitte auf die Straße, wo mein Bruder regungslos lag und meinte: „Steh auf, du kannst doch hier nicht mitten auf der Straße liegen bleiben." In dem Augenblick kam unser Kohlenhändler, der den Unfall gesehen hatte, aus seinem Haus herausgestürzt, nahm den verletzten Jungen auf seine Arme und trug ihn zum Städtischen Krankenhaus, das nur 100 Meter entfernt lag. Mittlerweile hatte auch ich begriffen, dass hier ein Autounfall geschehen war. Ich lief weinend hinter dem Kohlenhändler her und fragte immer wieder: „Ist er tot?" Offensichtlich wurde ich ihm sehr lästig und er meinte: „Ja, er ist tot." Sofort lief ich zur Mutter nach Hause und rief: „Mutti, Mutti, der Heribert ist unters Auto gekommen und ist tot." Meine Mutter war entsetzt und weinte laut: „Mein Junge, mein Junge." Dann lief sie so schnell sie konnte zum Krankenhaus und ließ mich zu Hause zurück. Ich weinte bitterlich. Die Stunden vergingen. Endlich kam auch mein Vater nach Hause und erfuhr von mir, was geschehen war. Auch er wollte zum Krankenhaus gehen, da kam auch schon die Mutter nach Hause und erzählte, dass Heribert zwar nicht tot, aber doch sehr schwer verletzt sei; Schädelbasisbruch mit Gehirnquetschung. Außerdem sei er noch bewusstlos. Ich weinte sehr. Meine Mutter aber meinte: „Du hättest besser auf dein Brüderchen aufpassen müssen, dann wäre das vielleicht nicht geschehen." Irgendwie fühlte ich mich mitschuldig. Dieses Wort der Mutter verfolgt mich auf den heutigen Tag: „Du hättest besser auf dein Brüderchen aufpassen sollen." Bin ich denn der Hüter meines Bruders? „Ja", sagte eine innere Stimme zu mir. „Du bist der Hüter deines Bruders."

Mutter ging nun jeden Nachmittag zum Krankenhaus. Manchmal durfte ich mitgehen. Er lag immer noch bewusstlos in einem Einzelzimmer, und das schon acht Tage lang. Der Arzt meinte: „Wenn er nicht bald aus der Bewusstlosigkeit erwacht, werden wir ihn nicht retten können." Bis dahin hatte ich als Kind noch nie so viel gebetet, nun aber flehte ich jeden Tag zur Muttergottes: „Liebe Maria, lass meinen Bruder wieder gesund werden." Und dann geschah das Wunder. Mutter besuchte am achten Tag ihren schwer kranken Jungen und blieb den ganzen Nachmittag bis zum Abend da. Sie saß an seinem Bettchen, hielt ihm die Hand und sprach ihn ab und zu auch schon einmal an. Am Schluss sagte sie: „So, Heribert, Mutti geht nun nach Hause. Sie kommt morgen wieder." Mutter stand auf und ging zum Ende des Bettchens, wo die Fiebertabelle hing. Als sie auf die Tabelle schaute, richtete sich Heribert auf und umschlang mit seinen Armen meine Mutter und rief laut: „Mutti, Mutti." Mutter legte den Jungen wieder zurück ins

Zwillinge bei der Erstkommunion

Bett und rief sofort den Arzt, der voll Freude meinte: „Mutter, nun haben wir gewonnen. Nun wird alles wieder gut. Er ist noch ein Kind. Und bei Kindern heilt das alles wieder gut aus.“ Noch zwei Monate blieb Heribert im Krankenhaus, dann durfte er als geheilt wieder nach Hause gehen.
Sicher, die Ärzte hatten Sorge, ob von dem Unfall nicht irgendwelche Schäden zurückgeblieben waren. Heribert musste sich deshalb einem Test unterziehen, besser gesagt, wir beide mussten uns einem Test stellen. Es gab im Krankenhaus einen Arzt, der als Professor wissenschaftlich Zwillingsforschung durchführte. Der nahm uns beide mit auf sein Arbeitszimmer, und wir mussten anhand von Skizzen, Bildern und Zeichnungen Fragen beantworten. Das Ergebnis: Wir waren gleich schlau und gleich doof. Das galt also für beide ohne Unterschied. Damit war der Beweis erbracht, dass auch der kranke Zwilling wieder gesund war und normal tickte.

4. Evakuierung

Nach dem Autounfall kam ein neuer Schicksalsschlag auf uns zu. Es war der Krieg, der am 1. September 1939 begonnen hatte. Mit dem Wort Krieg konnten wir Kinder zunächst nichts anfangen. Auch die Erklärungen unserer Eltern halfen uns hier nicht weiter. Alles nahm wie bisher seinen gewohnten Lauf. Wir gingen ab 1942 jeden Tag zur Schule, machten unsere Hausaufgaben und dann kam der schönste Teil des Tages, das Spielen auf der Straße mit unseren Freunden (Versteckenspielen, Knickerspiel, Fußball spielen, etc.).
Aber Jahr für Jahr merkten wir mehr, was Krieg bedeutet. Im-

mer öfter kamen nachts die Flugzeuge der Alliierten und warfen ihre Bomben auf die Städte ab. Am nächsten Tag sahen wir dann, was die Bomben angerichtet hatten. Wir sahen zahlreiche zerstörte Häuser und Tote. Immer öfter saßen wir nachts im Keller, oft stundenlang, bis die Sirenen Entwarnung gaben. Mittlerweile fiel auch die Schule immer öfter aus, weil die Angriffe auch tagsüber erfolgten. Unsere Familie beschloss trotz allem, in Köln zu bleiben. Aber am 28. Oktober 1944 wurde das ganze Mietshaus, in dem wir wohnten, von Brandbomben getroffen und brannte nieder. Ganz Mülheim stand in Flammen. Man hätte das Haus noch retten können, aber es gab kein Wasser. Die Leitungen waren überfordert. Und so brannte die ganze Stadt nieder; nur wenige Häuser wurden verschont.
Unsere Eltern brachten uns in ein Grünflächengebiet, das ca. 200 Meter von unserm brennenden Haus entfernt lag. Von dort konnten wir uns das Inferno ansehen. Die Eltern liefen unzählige Male zwischen Grünland und brennendem Haus hin und her, um wenigstens noch etwas Wäsche zu retten. Auf dieses letzte Hab und Gut mussten wir Kinder aufpassen. Auf einmal fing mein Bruder heftig an zu weinen und schrie: „Mein Köfferchen, mein Köfferchen." Zunächst meinte ich: Der hat sie wohl nicht mehr all' im Koffer, der ist durchgedreht. Dann erst begriff ich, was er mit dem Köfferchen überhaupt meinte. Wir hatten aufgrund unseres guten Schulzeugnisses ein abschließbares Köfferchen bekommen. Das Entscheidende aber war: In dem Köfferchen war ein Tütchen mit Bonbons. Das war damals im Krieg ein unsagbarer Reichtum. Mein Bruder Heribert, wohlbemerkt der Erstgeborene, öffnete jeden Tag liturgisch exakt sein Köfferchen, nahm ein Bonbon heraus, schob es in den Mund und lutschte es laut schmatzend mit großem Genuss eine Viertelstunde lang. So reichte der Vorrat immerhin drei Wochen. Auch ich hatte natürlich ein Köfferchen mit Bonbons bekom-

men, hatte aber etwas kräftiger gelutscht, und so hatte ich den Spaß nach drei Tagen schon hinter mir. Neidisch sah ich natürlich jeden Tag der feierlichen Zeremonie zu, wie mein Bruder wegen der besseren Einteilung noch schmatzend weiterlutschte. Nun aber war das Köfferchen mit den Bonbons verbrannt. Eine gewisse Schadenfreude konnte ich natürlich nicht verbergen und erlaubte mir die Bemerkung: „Siehst du, hättest du es wie ich gemacht, wären deine Bonbons jetzt nicht den Flammen zum Opfer gefallen." Ja, so sind Kinder! Dass unser Haus abbrannte, war Nebensache. Aber das verbrannte Karamellenköfferchen war ein schwerer Verlust.

Wie ging es nun weiter? Unser Stiefvater hatte eine Schwester mit Namen Maria. Sie hatte unweit von Köln-Mülheim in Köln-Holweide ein Häuschen im Grünen. Dort ließen wir uns von einem Bekannten mit unseren geretteten Sachen hinfahren. Aber, o weh! Wir waren nicht alleine ausgebrannt. In wenigen Stunden versammelten sich dort mindestens 25 Personen. Tante Maria war eine liebe und hilfsbereite Frau und nahm alle auf. Wir schliefen auf dem Boden im Wohnzimmer und auf den Fluren. Das Essen wurde ehrlich geteilt. Meist gab es in diesen Tagen Suppe. Die konnte man am besten verteilen, und wenn der Vorrat nicht reichte, Wasser gab es genug, um die Suppe zu strecken. Eines wurde unseren Eltern klar: Hier konnten wir nicht lange bleiben.

Die große Evakuierung begann. Jeden Tag fuhren Züge nach Sachsen und Thüringen in ländliche Gebiete, die nicht von den Bomben heimgesucht wurden wie die Industriestädte. Auch wir meldeten uns für den Transport an. Pünktlich zur angegebenen Zeit trafen wir am Mülheimer Bahnhof mit unserer geretteten Wäsche ein. Der Zug zum Abtransport stand schon bereit. Da kam per Lautsprecher eine Ansage durch: Wer noch Milch für einen Säugling benötigt, möge sich im Bahnhofsgebäude melden. Da Andreas erst fünf Monate alt war, holte mein Vater noch ein Fläschchen Milch für den Kleinen. Da wurde der Bahnhof von Tieffliegern angegriffen. Der Zug fuhr los ins freie Feld. Vater aber stand mit der Flasche Milch in der Hand, während der Zug ohne ihn abfuhr. Der Angriff war von kurzer Dauer. Wir krochen alle unter die Bänke, um nicht getroffen zu werden. Dann fuhr der Zug weiter ins Ungewisse, ohne Vater. Auch das noch! Nun war die Mutter mit drei kleinen Kindern allein. Einige Tage fuhren wir hin und her. Keiner kannte das genaue Ziel. Als wir schließlich in Sonneberg im Thüringer Wald ankamen, mussten wir alle in ein Massenlager. Katastrophale Zustände! Am nächsten Tag ging es dann mit einem Lokalzug nach Lauscha ans Ende der Welt. Wieder sollten wir in ein Massenlager. Alle Leute folgten dem Befehl des SS-Offiziers, nur unsere Mutter nicht. „Nein", sagte sie, „wir gehen nicht ins Massenlager. Man hat uns doch ein eigenes Zimmer versprochen." Der SS-Offizier meinte: „Nun gehen sie schon. Sie bekommen keine Extrawurst gebraten." Meine Mutter war eine mutige Frau und sagte: „Nein, ich gehe nicht mehr in ein Massenlager. Man hat uns eine Wohnung versprochen und darauf bestehe ich. Schließlich bin ich mit drei Kindern allein, und der Vater steht mit der Flasche Milch in der Hand noch in Köln-Mülheim auf dem Bahnhof." Dann fing sie bitterlich an zu weinen. Pflichtbewusst heulten auch wir mit der Mutter. Von so vielen Weinenden angesteckt, heulte nun auch der Säugling Andreas. Der SS-Offizier, ein Mann ohne Herz, meinte schließlich: „Ich fordere Sie zum letzten Mal auf, gehen Sie endlich mit Ihren Kindern ins Massenlager. Die anderen sind auch schon gegangen. In den nächsten Tagen erhalten Sie schon ein Zimmer." Meine Mutter wusste, was sie von solchen Versprechen zu halten hatte und sagte mutig und entschlossen zu dem Offizier: „Ich bleibe hier im Bahnhofsgebäude sitzen und fahre morgen wieder nach Köln." Nach einem 2-stündigen Heulkonzert im Bahnhofsgebäude von Lauscha – es war mittlerweile 22.00 Uhr geworden – erbarmte sich dann eine Dame von der NSDAP und nahm uns in ihr großes Haus auf, nachdem unsere Mutter bemerkte, wir würden es auch gut bezahlen. Das wirkte, denn die Leute in Lauscha waren sehr arm. Ihr Mann war an der Front. Sie wohnte allein im Haus. Dort blieben wir einige Wochen lang, bis wir schließlich eine endgültige Wohnung (ein Zimmer) beziehen konnten. Vater ging indessen wieder zu seiner Schwester Maria nach Köln-Holweide zurück und wartete auf eine Nachricht; denn keiner wusste, wo der Zug hingefahren war. Zu dieser Zeit war auch das ganze Nachrichtensystem zusammengebrochen, sodass wir auch von unserer Seite keinen Bescheid über unsern Aufenthaltsort geben konnten. Schließlich fuhr ein Evakuierter aus unserer Truppe noch einmal nach Köln und brachte nach zwei Wochen den Vater mit. Mutter war froh, dass wir nun wieder männlichen Beistand hatten. Wir lebten also mit fünf Personen auf einem Zimmer. Die Leute waren sehr arm. Sie hatten keine Landwirtschaft. Die meisten Bewohner stellten Weihnachtskugeln her und verdienten sich damit ihren Lebensunterhalt. Aber Weihnachtskugeln konnte man ja schlecht essen. Und so hat die Familie gehungert. Wenn uns die Leute nicht schon einmal ein Brot geschenkt hätten, wären wir sicherlich verhungert. Nie mehr im Leben haben wir so gehungert wie in Lauscha. Wie groß der Hunger war, mag folgendes Döneke veranschaulichen. Mein Bruder Heribert, der Erstgeborene, durfte mehrmals am Tage dem jüngsten Bruder Andreas die Flasche reichen. Da der dünne Milchbrei sehr heiß war, musste er zunächst probieren, ob die Flasche die richtige Temperatur für den Kleinen hatte. Dieses Probieren tat er natürlich mit großem Genuss, denn dabei fiel ja immer etwas für ihn ab. Eines Tages hatte er dem Jüngsten wieder einmal die Flasche gereicht. Aber nach der Mahlzeit war der Säugling nicht ruhig, sondern fing an zu weinen und zu schreien. Was war los? Mutter konnte sich das zunächst auch nicht richtig erklären. Ob der Kleine vielleicht nicht satt geworden war? Offenbar war es so. Mein Zwillingsbruder hatte wohl zu viel probiert, sodass die Flasche halb leer war und der Kleine nicht auf seine Kosten kam. Mein Bruder wies den Vorwurf energisch zurück, räumte aber ein, dass er nur deshalb so oft probieren musste, weil die Milch so heiß war. Vielleicht sei deshalb die Flasche so leer geworden. „Naja", meinte ich, „Hunger macht erfinderisch." Eine neue Flasche musste herhalten, dann war der Kleine endlich ruhig. Dennoch haben wir auch eine gute Erinnerung an diese Zeit der Evakuierung. Zu Weihnachten bekamen wir ein Paar Ski geschenkt. Da die Schule zu unserer großen Freude ausfiel und es dort viel Schnee gab, waren wir fast den ganzen Tag mit

Zwillinge beim Skifahren in Lauscha/Thüringen

unseren Freunden an der Sprungschanze, einer steilen Abfahrt, unterwegs.
Im Mai 1945 war der Krieg endlich zu Ende. Ganz Deutschland lag am Boden, aber es war Frieden. Wer sechs Jahre Krieg miterlebt hatte, weiß den Frieden als ein großes Gut zu schätzen. Wir waren Kölner, und die Kölner hängen an ihrer Heimat. Und so war es klar: Wir wollten sobald wie möglich wieder nach Köln, und wenn es sein musste zu Fuß. Immer wieder sangen wir das Ostermannlied: „Wenn ich su an ming Heimat denke, und sin der Dom so vür mir stonn, möch ich direk op Heim anschwenke, ich möch zu Foß noh Kölle jonn." In der Tat, unser Entschluss stand unumstößlich fest: Wir wollten zu Fuß nach Köln gehen, egal, auch wenn wir Wochen und Monate unterwegs sein sollten. Zunächst ließen wir uns aus einem Puppenwagen eine Handkarre herstellen, um wenigstens das Wichtigste, ein wenig Wäsche, mitnehmen zu können. Man nahm Abschied von Leuten, die man lieb gewonnen hatte und die uns in der schweren Zeit überleben geholfen hatten. Die Fahrt ging fröhlich los. Zunächst fuhren wir mit dem Zug von Lauscha nach Sonneberg. Da brauchten wir wenigstens nicht mehr zu laufen. Dann begann die Fahrt Richtung Neustadt. Der Vater war an der Deichsel vorne und lenkte das Fahrzeug, und die ganze Familie musste schieben. Nach fünf Kilometern hörte das Wandern, jedenfalls das „fröhliche" Wandern, auf. Unsere Karre gab den Geist auf, und die Puppenräder brachen unter der Last zusammen. Das war's wohl, dachte ich, Schluss mit dem fröhlichen Wandern. Uns blieb aber auch nichts erspart. Aber wir steckten den Kopf nicht in den Sand, sondern suchten nach einer Lösung. Köln lag ja noch weit entfernt. Vater ging nach Neustadt. Wir schoben die zusammengebrochene Karre in den Straßengraben und passten gut auf unsere paar Habseligkeiten auf. Nach Stunden kam Vater mit einem Fuhrwerk (ein

Pferd mit Wagen) an. Der Bauer staunte, als er unseren erbärmlichen Wagen sah. Er war der Meinung, unser Auto (Wagen) sei defekt. Am späten Nachmittag kamen wir in Neustadt an und bezogen Quartier im Gasthaus zum „Wilden Schwan". Man machte uns aber deutlich, dass wir hier nur ein paar Tage verweilen durften. Wie aber sollten wir „nach einer fröhlichen Wanderschaft" nach Köln kommen? Unsere Karre war zusammengebrochen. Man konnte sie auch nicht mehr reparieren. Aber die Not macht erfinderisch. Der Gasthof hatte einen kräftigen Plateau-Wagen. Der war schön und begehrlich anzuschauen. Ja, das war doch die Lösung! Wie aber konnte man seiner habhaft werden? Dazu musste eine schöne Geschichte her. Wir erzählten den Gastleuten, dass am nächsten Morgen ein Lastwagen nach Köln fahren würde. Er würde uns mit allen Sachen mitnehmen. Unsere Familie machte zwar einen armseligen, aber doch glaubwürdigen Eindruck. Man lieh uns den Wagen aus. Aber ich habe heute noch ein schlechtes Gewissen, man lieh uns zwar den Wagen aus, aber wir brachten ihn nie mehr zurück. Da wir Kinder vorher nicht in den Plan eingeweiht wurden, haben wir diese Aktion nicht zu verantworten. Ob mit Gottes Hilfe oder ohne Gottes Hilfe, dieser schöne stabile Plateau-Wagen brachte uns schließlich bis nach Köln. Immerhin ließen wir ein gutes Fahrrad zurück mit der Bemerkung: „Wir holen es später ab." Plateau-Wagen gegen Fahrrad, sicher kein gleichwertiger Tausch. Dadurch aber schöpften die Leute des Gasthofes keinen Verdacht, und wir konnten die erste Wegstrecke zwar innerlich aufgeregt, aber doch sicher hinter uns bringen. Und schließlich konnten wir auch unser Gewissen durch den Tausch ein wenig entlasten. In der Tat, nun begann für uns Kinder endlich die fröhliche Wanderung in die Heimat. Von Neustadt über Coburg waren wir nun 14 Tage bis Fulda unterwegs. Wir schoben mühsam, aber fröhlich, unsere Karre jeden Tag 20 bis 25 Kilometer. Am Abend gingen wir in den kleinen Bauerndörfern, in denen wir übernachteten, zum Bürgermeister. Wir meldeten uns als Durchreisende an und wurden bei Bauern untergebracht, manchmal die ganze Familie auf einem Bauernhof, manchmal auch getrennt, die Eltern mit dem Kleinen und die Zwillinge für sich. Die Bauern waren herzensgut und halfen, wo sie nur konnten. Nach der langen Hungerperiode in Thüringen lebten wir nun wie die Fürsten. Die Bauern steckten es den armen Kindern vorne und hinten hinein. Wir genossen das Essen und die Verwöhnung. Und als die Bauern noch erfuhren, dass wir eineiige Zwillinge waren, waren wir natürlich die großen Stars in der Manege. „Sieh dir mal die Zwillinge an! Nein, da gleicht ein Ei auch dem anderen. Wie schön! Ihr müsst auch tüchtig essen, damit ihr groß und stark werdet." Und als wir dann als Zwillinge noch gemeinsam das Tischgebet vortrugen, das wir bei der Erstkommunion gelernt hatten, wurden wir fast wie Heilige verehrt. Natürlich bekamen wir auch reichlich Proviant für den nächsten Tag mit, damit wir den Kölner Dom auch gesund erreichten. Es war eine wunderbare Zeit nach all den Entbehrungen in Thüringen. Endlich wurden wir einmal wieder richtig satt. So hätte es noch Wochen und Monate weitergehen können. Schließlich kamen wir mit unserer neuen Karre heil in Fulda an. Dort hatten sich viele Flüchtlinge versammelt, die alle nach Köln wollten. Und so fuhren wir in einem offenen Güterwagen direkt hinter der schwarz rauchenden Lokomotive nach Hause. Wir nahmen natürlich unseren neuen organisierten Wagen mit und stellten ihn zwischen die Puffer. Schwarz wie die Neger kamen wir in Köln an. Endlich wieder in der Heimat.

5. Fringsen

Nun begann die Nachkriegszeit. Ganz Köln war zerstört. Nur noch wenige Häuser standen. Da wir die ersten Rückkehrer waren, hatten wir das Glück, ein von der Zerstörung verschontes Haus beziehen zu können. Es war zwar auch schwer beschädigt, aber es war eine erste Bleibe.

Die Nachkriegszeit (1945–1948) war geprägt vom Kampf ums nackte Überleben. Ganz Deutschland litt unter Hunger, bis dann 1948 mit der Währungsreform das große Wirtschaftswunder einsetzte. Im Gegensatz zum Aufenthalt in Thüringen konnte man nun etwas gegen den Hunger unternehmen. Das Schlagwort hieß: hamstern. Jede Woche war einer aus der Familie unterwegs, um die notwendige Nahrung herbeizuschaffen, denn von den Lebensmittelmarken konnte keiner leben.

In dieser Zeit kam dann auch das berühmte Wort vom „Fringsen" auf. Es geht zurück auf unseren verstorbenen Kardinal Frings, ein sehr beliebter und volkstümlicher Bischof, der für die Nöte des Volkes großes Verständnis hatte. In einer Silvesterpredigt im Hohen Dom zu Köln hatte er gesagt: „Die Leute dürfen sich so viel zum Essen und Heizen besorgen, wie sie zum Überleben brauchen." In der Moraltheologie nennt man das Mundraub; mit anderen Worten: Sie dürfen so viel „klauen", dass sie damit ihren Lebensunterhalt sichern können, wenn sie es auf andere Weise nicht beschaffen können. Das also nannten die Kölner „fringsen", ein Wort, das in den Duden eingegangen ist.

In den drei Jahren unserer Hamsterzeit haben wir natürlich viel erlebt. Einige Dönekes (lustige Erlebnisse) möchte ich hier zum Besten geben. In Köln-Mülheim war das große Carlswerk, das Kabel aller Art herstellte, z. B. Telefonkabel. Aber es gab auch

Kupferdraht. Den kauften wir schwarz, schickten ihn dann nach Bayern, wo der Draht zur Herstellung von Bürstenwaren benötigt wurde. Statt Geld ließen wir uns dann auch Bürsten aller Art schicken: Waschbürsten, Besen, Handfeger, Auftragsbürstchen. Damit gingen wir dann über Land, ins Vorgebirge nach Sechtem, an die Sieg nach Eitorf. Diese Bürsten tauschten wir gegen Lebensmittel (Eier, Butter, Käse, Kartoffeln, Gemüse, Obst) ein.

Eines Tages musste ich mit meinem Vater Kartoffeln besorgen. Die Mutter sagte: „Da fahrt ihr doch am besten mal zu meiner Bekannten, zum Traudchen nach Liblar. Die liegt in Frauenthal im Krankenhaus. Sie wird sich über euren Besuch freuen. Anschließend könnt ihr dann nach Blasem gehen. Dort sind Bauern. Da werdet ihr mit Sicherheit ein paar Kartoffeln bekommen." Wir fuhren also brav nach Liblar/Frauenthal und gingen zum Traudchen.

„Oh, da seid ihr ja", wurden wir beide herzlich begrüßt, „die Mutter hat schon angerufen, ich weiß, ihr braucht Kartoffeln." „Oh", stammelte sie, „hoffentlich klappt es. Die Bauern stöhnen alle. Es kommen so viele aus der Stadt. Sie können auch nicht allen helfen. Hoffentlich bekommt ihr etwas." Wir meinten zuversichtlich: „Wir werden nicht mit leeren Taschen zurückkommen." Dann marschierten wir los. Zwei Stunden waren wir unterwegs, Vater auf der rechten Seite, ich auf der linken Seite. Dann kam ich am Ende des Dorfes zu einem großen Bauernhof. Der Bauer nahm mir eine schöne Waschbürste ab. Dann führte er mich in den Schweinestall und meinte, ich solle mir die Tasche halbvoll mit Kartoffeln machen. Aber das waren alles alte, schrumpelige Kartoffeln, die bereits zu keimen begonnen hatten. Ich war enttäuscht. Dennoch füllte ich die Tasche mit Kartoffeln, bedankte mich brav und ging wieder zur Straße zurück. Da traf ich dann auch wieder meinen Vater.

„Na, hast du was bekommen?“, fragte er. Seine Tasche war leer. „Ja“, sagte ich, „ich habe Kartoffeln erhalten.“ „Zeig mal her!“ Ich machte die Tasche auf, Vater sah sie und meinte: „Das sind ja keine Kartoffeln, das ist ja Schweinefutter.“ Wir kippten den Inhalt der Tasche in den Graben. „Komm“, sagte er, „lass uns jetzt zum Traudchen ins Krankenhaus gehen, vielleicht bekommen wir bei den Schwestern noch etwas zu essen.“ Unterwegs kamen wir an einem Kartoffelfeld vorbei. Es war Mittagszeit. Weit und breit war keiner zu sehen. Wir gingen aufs Feld. Ich riss die Stauden mit den Kartoffeln heraus. Wir machten uns eine Tasche voll. Dann gingen wir zur Tante Traudchen. Wir wurden bereits freudig erwartet. „Ich sehe“, meinte sie, „ihr habt ja etwas bekommen. Ich habe auch den ganzen Morgen gebetet: „Maria, hilf doch den armen Leuten. Maria hat mein Gebet erhört.“ Man muss nämlich wissen, Traudchen war eine sehr fromme Seele. „Was haben denn die Bauern gesagt?“ „Die Bauern waren sehr freundlich“, sagte mein Vater, „und meinten, wir sollen heute Nachmittag noch einmal wiederkommen.“ Wir ließen die Kartoffeln, die wir bereits gefringst hatten, bei Traudchen, und gingen noch einmal auf dasselbe Feld. Es begann schon zu dunkeln. In der Dämmerung füllten wir uns nochmals eine Tasche und fuhren dann mit zwei vollen Taschen nach Hause. Das reichte jedenfalls mal wieder für drei Wochen.

Die Woche darauf musste meine Mutter hamstern gehen. Sie ging mit zwei weiteren Frauen aus dem Haus, mit Frau Salentin und Frau Wiesbaum, beide zwei echt „kölsche Wiewer.“ Diesmal mussten Stangenbohnen besorgt werden. Man wollte sie in einem Fass einmachen, um so auch etwas für den Winter zu haben. Die drei Grazien fuhren zu den „Kappesbuere“ (Kohlbauern) ins Vorgebirge. Man ging von Tür zu Tür. „Wir wollen ein ‚Koches Bunne‘ (Bohnen für eine Mahlzeit) haben.

Wir bieten ihnen auch Bürstenwaren dafür.“ Aber die sterotype Antwort lautete immer: „Behalt ihr ühr Böchte und mer behahle uns Bunne.“ (Behaltet ihr eure Bürsten und wir behalten unsere Bohnen.) Enttäuscht und müde gingen die drei Holden zum Dorfeingang hinaus. Da kamen sie an einem riesigen Bohnenfeld vorbei. Dort waren Bauern bei der Ernte. „Nun“, meinten die drei Frauen zu den Bauern, „könnt ihr uns eine Tasche voll Bohnen geben, wir helfen euch auch zwei Stunden beim Pflücken? Wir haben Kinder zu Hause, die haben Hunger.“ „Nein“, sagten die Bauern, „wir brauchen keine Hilfe. Wir pflücken unsere Bohnen allein.“ Die Karawane zog weiter. Da kam das Dreigestirn am anderen Ende des langen Bohnenfeldes an. Dort waren Leute bei der Ernte. Die drei Frauen fragten: „Können wir euch helfen?“ Es kam keine Antwort. Sie fragten noch ein zweites und ein drittes Mal. Keine Antwort. Schließlich sagte eine Frau: „Kutt erenn, he sin alles Kölsche drin, die sich de Täsche vollmache.“ (Kommt rein. Hier sind nur Kölner drin, die sich die Taschen vollmachen.) Das ließen sich die drei Hübschen nicht zweimal sagen. In 15 Minuten hatten sie ihre Taschen bis zum Rand voll. Was für ein Wahnsinn! Während die Bauern an dem einen Ende brav ihre Bohnen ernteten, aber nicht bereit waren, etwas herzugeben, waren die Kölsche am anderen Ende am fringsen. Das war eine reiche Beute. Die Bohnen wurden dann in einem Döppe eingemacht. Und so kamen wir gut durch den Winter.

Wieder waren die Kartoffeln ausgegangen, der wichtigste Teil jeder Mittagsmahlzeit, jedenfalls in Köln. Wieder machten sich die drei Frauen aus dem Haus auf Hamstertour. Man fuhr wieder ins Vorgebirge. Man ging das ganze Dorf rauf und runter und bettelte. Ohne Erfolg. Man musste mal wieder fringsen gehen. Das erste beste Feld musste dran glauben. Man machte sich die Taschen voll. Auf einmal kam ein Bauer und warf mit der Mistgabel nach den drei Frauen und schrie: „Wie kommt ihr dazu, hier Kartoffeln zu stehlen, ausgerechnet ‚op däm Marie singem Feld? Demm singe Mann is doch noch in Kriegsgefangenschaft'." Daraufhin meinte die Salentins: „Dat stund nit op dem Feld, dat dat dem Marie sing Feld is. Wenn mir dat gewosst hätte, wäre me op en ander Feld jejange." „So", sagte der Bauer, „jetzt geht ihr alle mit zur Polizei." Sie kamen ins Dorf zur Polizei, die gerade Karneval feierte. Sie sagten zu dem Bauern mit den drei Frauen: „Da musst du zum Bürgermeister gehen." Der war zwar nicht da, aber sein Sohn. Er trat als strenger Richter auf: „Dann stellt die Taschen mit den Kartoffeln hier in die Ecke. Zeigt mal euren Personalausweis." Die Salentin sagte schlagfertig: „Den haben wir nicht bei uns." Darauf meinte der Möchtegern-Bürgermeister: „Wisst ihr nicht, dass ihr den immer bei euch haben müsst. Allein dafür kann ich euch schon bestrafen." „Ja", meinte die Salentin, „wir entschuldigen uns auch vielmals, den Ausweis haben wir heute Morgen in aller Eile vergessen." Die demutsvolle Entschuldigung tat dem stolzen Bürgermeister-Sohn gut. Er meinte dann etwas versöhnlicher: „Wo wohnt ihr denn in Köln?" Prompt antwortete die Salentin: „Auf dem Blaubach 7." „Alle drei?" „Ja, alle drei, wir wohnen in einem Haus." „So", meinte der Bürgermeister-Sohn bedeutungsvoll. „Die Anzeige wird in einigen Tagen erfolgen. Und nun schüttet eure Kartoffeln aus. Dann könnt ihr gehen." Aber die Frauen konnten keineswegs ohne Kartoffeln nach Hause kommen. Man ging im Halbdunkel wieder auf ein Feld. Diesmal aber nicht auf Maries Feld, deren Mann ja noch in Kriegsgefangenschaft war. Nein, sie gingen auf ein anderes Feld, vielleicht auf das Kartoffelfeld des Bürgermeisters. Egal, die Taschen wurden wieder vollgemacht, und es ging mit dem letzten Zug nach Köln. Dann ging es weiter über den Blaubach nach Köln-Mülheim. Das Haus Nr. 7 gab es nicht mehr. Es lag in Trümmern. Und so gab es auch keine Anzeige, dafür aber glückliche Kinderaugen, die froh waren, dass sie wieder etwas zu essen hatten. Damit kein falscher Eindruck entsteht, es gab natürlich viele freundliche Bauern, die der Not leidenden Bevölkerung halfen. Aber manchmal gab es halt Engpässe, und die musste man mit Fringsen überwinden.

2. KAPITEL: JUGENDZEIT

1.Währungsreform

Ein gewaltiger Einschnitt in die Geschichte des deutschen Volkes war die Währungsreform. Damit war die Kriegs- und Nachkriegszeit beendet. Eine neue Epoche begann. Die Reichsmark, das bisherige Zahlungsmittel, war über Nacht wertlos geworden. Es wurde die Deutsche Mark (DM) eingeführt. Jeder erhielt 60 DM als Anfangskapital. Lebensmittelkarten gab es nun nicht mehr. Einen solchen Zustand konnten wir uns einfach nicht vorstellen. Mit einem Mal konnte man alles kaufen. Man musste nur das nötige Geld haben. Schlagartig hörte das Hamstern auf. Das deutsche Wirtschaftswunder begann. Es war ein kleines Paradies auf Erden.

Mein Stiefvater war von Beruf Kaufmann. Er hatte die „Mittlere Reife" (sechs Jahre Gymnasium) und sprach Englisch und Französisch. Im Krieg war er Prokurist bei einer großen Baufirma, die Bunker herstellte. Nach dem Krieg war er arbeitslos. Nach der Währungsreform war unser Stiefvater der einzige Ernährer. Seinen Job als Prokurist war er los; denn Luftschutzkeller brauchte man nun keine mehr. Nun gründeten wir einen kleinen Laden mit Kolonialwaren wie Besen, Waschbürsten, Schuhbürsten, Fensterleder, Aufnehmer, Seife, Waschpulver, Bälle, etc. Von den Erträgen konnten wir bescheiden leben. Es gab einen Plan. Jeder musste für eine bestimmte Anzahl von Stunden den Verkauf im Geschäft übernehmen, selbstverständlich auch wir beide.

Dann aber wurde meinem Stiefvater aus der Erbengemein-

Wir Zwillinge mit Mutter im Volksschulalter

schaft ein Grundstück zugewiesen, auf dem eine ausgebrannte Hausruine stand. Mit einem Darlehen wurde das Haus wieder aufgebaut. Da die finanziellen Mittel äußerst knapp waren, haben wir viel selbst in die Hand genommen. So haben wir z. B. alle Malerarbeiten durchgeführt. Nach einem Jahr waren neun Wohnungen und zwei Geschäfte fertiggestellt. Von den Einnahmen konnten wir dann die Zinsen bezahlen und auch leben. Das Haus war unsere Existenzgrundlage. Wir zogen auch selbst in das Haus ein. Es ist seitdem unser Elternhaus, in dem heute noch unser jüngster Bruder mit seiner Familie wohnt.

2. Schule / Gymnasium

Mit der Nachkriegszeit und der Währungsreform begann auch in unserem persönlichen Leben eine große Wende. Die bewegte Kindheit war zu Ende, und es begann die Jugendzeit, die für den Aufbau unseres späteren Lebens von fundamentaler Bedeutung war. Hier wurden in Schule, Pfarrgemeinde und Bund Neudeutschland (ND) die Grundlagen für das ganze Leben gelegt.

Nach der Rückkehr aus der Evakuierung in Thüringen begann auch wieder die Schule. Wir besuchten die 4. Klasse der Volksschule, machten dann die Aufnahmeprüfung für das Gymnasium und besuchten dann neun Jahre die Höhere Schule in Köln-Mülheim, ein mathematisch-naturwissenschaftliches Gymnasium, das am Rhein lag. Es war eine segensreiche Zeit. Wir hatten gute Lehrer, die eine große menschliche Ausstrahlungskraft besaßen und uns auch fachlich gut unterrichteten. Auch die Klassengemeinschaft war in Ordnung, und wir hatten viel Freude miteinander. 19 junge Männer schafften schließlich das Abitur. Wir haben auch bis heute noch regelmäßige Klassentreffen. Auch hier zeigte sich die große Ähnlichkeit der Zwillinge. Wir hatten beide gerne die germanistischen Fächer (Deutsch, Philosophie, Religion) und die naturwissenschaftlichen Fächer (Mathematik, Physik, Chemie, Biologie). Die Fremdsprachen lagen uns beiden nicht so sehr. Wir hatten insgesamt 14 Fächer und erhielten so eine gute Allgemeinbildung. Die Schule gab uns das Rüstzeug für das Leben. Dafür sind wir heute noch dankbar.

Als Zwillinge saßen wir in der Schule natürlich nebeneinander. Die meisten Lehrer konnten uns nach einer gewissen Zeit unterscheiden, aber nicht alle, und das nutzten wir aus. Es war selbstverständlich, dass einer dem anderen half. Und so gab es in manchen Fächern eine regelrechte Arbeitsteilung.

Z. B. führten wir nur ein Mathematikheft. Wir haben zwar zu Hause, jeder getrennt für sich, die Aufgaben gelöst. Mein Bruder aber hat dann den ganzen Vorgang sauber in ein Heft eingetragen. Das Heft lag dann mitten auf unserer Schulbank. Wer gerade drankam, zog das Heft dann auf seine Seite und las das Ergebnis vor, was natürlich immer richtig war.

Ganz so glimpflich lief das im Lateinunterricht nicht ab. Wir übersetzten mit Hilfe des Lehrers während der Unterrichtsstunde z. B. ein Stück aus Ovid, das wir dann zu Hause nacharbeiten mussten, um es dann beim nächsten Mal flüssig vortragen zu können. Hier bereitete sich natürlich auch nur einer vor. Da unser Lateinlehrer uns absolut nicht unterscheiden konnte, nutzten wir das aus. Viele Jahre mit Erfolg! Wenn er einen der Zwillinge aufrief, Heribert oder Alfred, begann der zu übersetzen, der gerade vorbereitet war. Einmal aber sind wir böse reingefallen. Mein Bruder trug den Text in Übersetzung sehr flüssig vor. Damit war er zwar zufrieden. Dann aber, meinte der

Lehrer, nehmen wir den anderen Hausen dran; der soll fortfahren. O Gott, da hatte er unsere schwache Stelle erwischt. Da ich nicht vorbereitet war, legte ich eine erbärmliche Fehlleistung an den Tag, für unseren Lateinlehrer völlig unbegreiflich. Das gab eine schlechte Note. Noch schlimmer war der Reinfall im Englischunterricht. Wir schrieben eine Klassenarbeit (Nacherzählung). Der englische Text wurde zweimal vorgelesen.

Zwillinge auf dem naturwissenschaftlichen Gymnasium in Köln-Mülheim

Anschließend mussten wir ihn dann in englischer Sprache wiedergeben. Mein Bruder tat sich hier äußerst schwer. Oft begriff er den Ablauf der Erzählung nicht. Deshalb war hier Zusammenarbeit angesagt. Ich konnte doch meinen Bruder nicht im Stich lassen. Ich legte das Heft so hin, dass er bei gutem Schielen meine in einfachem Englisch geschriebene Wiedergabe lesen konnte. Dann schrieb er mit seinen eigenen Worten den Text nieder. Die Zusammenarbeit klappte über viele Jahre wunderbar. Doch einmal sind wir böse aufgefallen. Ich hatte selbst die komplizierte Erzählung falsch verstanden. Mein Bruder schrieb den Blödsinn ab. Da half kein Leugnen, wir waren entlarvt worden. Und unser Englischlehrer, der kleine Mü, ein prächtiger Mann, meinte, auch bei Zwillingen sei eine solche Art der Zusammenarbeit nicht erlaubt. Nein, was für verständnisvolle Worte.

Gut, das sind einige Episoden gewesen, die etwas peinlich waren und sicher nicht nachahmenswert sind, sonst aber haben wir ehrlich zusammengearbeitet und uns gegenseitig gefördert. Beide haben wir dann auch erfolgreich das Abitur bestanden. Das war ein guter Abschluss und ein guter Start für die Studentenzeit.

3. Pfarrgemeinde / Messdiener

Neben der Schule war der Kontakt zu unserer Pfarrgemeinde St. Elisabeth in Köln-Mülheim von großer Bedeutung. Hier fanden wir den Zugang zum Gebet und Glauben.

Unser Pfarrer Wilhelm Hiegemann war ein guter Pastor und Mensch, der die Zwillinge gern hatte und förderte. Er war uns ein gutes Vorbild. Vor allem führte er uns in die Liturgie der Kirche ein, in die Liturgie der hl. Messe, der Sakramente und des Kirchenjahres. Er bildete uns als Messdiener aus und so konnten wir lebendig an der Liturgie der Kirche teilnehmen. Wir hatten nicht nur jeden Sonntag Dienst, sondern auch werktags um 7.00 Uhr. Das frühe Aufstehen fiel uns natürlich sehr schwer. Aber dafür sorgte schon die Mutter, die uns rechtzeitig aus dem Bett warf. Wir entwickelten uns immer mehr zu Star-Messdienern. Die Zwillinge, gleich groß, gleich schlank, gleich schön, wurden immer wieder verlangt bei Trauungen und Beerdigungen. Wir taten diesen Extradienst sehr gerne, zumal auch immer ein paar Mark für die beiden Messdiener abfielen, die ja ihren Dienst wieder einmal so vollendet, andächtig und erbauend verrichtet hatten. Immerhin waren wir zwölf Jahre Messdiener. Wir wuchsen so von Jahr zu Jahr in die Liturgie und in den Glauben hinein. Natürlich waren wir auch in der ganzen Gemeinde als Messdiener bekannt, geachtet und beliebt. So wurde auch die Gemeinde zu einer wichtigen Stütze für unseren Glauben, und wir lernten begreifen, dass keiner seinen Glauben allein leben kann, er braucht die Gemeinschaft der Glaubenden.

Wichtig war allerdings auch für die Grundlage des Glaubens, dass wir ein persönlich gutes Verhältnis zu unserem Pastor hatten. Als wir älter waren, führten wir mit ihm an seinem freien Nachmittag Wanderungen durch. Es ging meistens ins Bergische Land, wo wir dann zum ersten Mal eine „Bergische Kaffeetafel“ spendiert bekamen. Er hat uns dann auch die Primizpredigt gehalten. Dabei erwähnte er, dass Jesus zahlreiche Brüderpaare unter seinen Aposteln hatte (Petrus und Andreas, Johannes und Jakobus). So entwickelte sich im Laufe der Zeit, vor allem nach unserer Priesterweihe, eine echte Priesterfreundschaft. Sein Vorbild war sicher mit entscheidend für unsere Entscheidung zum Priestertum. Er stand uns auch später immer mit Rat und Tat zur Seite. Die wunderbare Messdienerzeit hat uns sehr geprägt. Und so schauen wir dankbar auf unseren Pastor und auf unseren Ministrantendienst zurück.

4. Bund Neudeutschland

Noch ein Priester war für unser Leben von entscheidender Bedeutung. Es war unser Religionslehrer Dr. Helmut Müller, kurz „der dicke Mü" genannt. Auch er hatte die Zwillinge in sein Herz geschlossen. Er führte uns vor allem in die kirchliche Jugendarbeit ein. Er gründete an der Schule den Bund Neudeutschland, der ausschließlich aus Gymnasiasten unserer Schule bestand. Diese katholische Jugendgruppe war zu vergleichen mit den Pfadfindern. Es wurden wöchentlich Gruppenstunden durchgeführt. Man ging in den Ferien mit dem Rad auf Fahrt. Man feierte ein Mal im Monat eine Jugendmesse, die wir selbst gestalten durften. Man spielte Theater, z. B. „Der kleine Prinz" von Saint-Exupery, oder „Die Freiheit des Gefangenen" von Edzard Schaper. Man spielte Schach gegen andere Gruppen um die Stadtmeisterschaft. Und vor allem Fußball und Leichtathletik waren gefragt. Eigentlich verbrachten wir mit den Freunden im ND unsere ganze Freizeit.
Wichtig aber war, dass wir hier zum ersten Mal Verantwortung für Kinder und Jugendliche übernehmen mussten. Mein Bruder und ich wurden Fähnleinführer und betreuten eine Gruppe von ca. 15 Kindern. Das war für 15-Jährige schon eine gewaltige Aufgabe. Ich (Alfred) wurde später zum Gruppenführer gewählt und hatte damit die Verantwortung für zehn Fähnlein.

Diese Aufgabe führte ich bis zur Oberprima durch. Ich war damit der Verantwortliche für den gesamten ND an der Schule und sozusagen die rechte Hand unseres Religionslehrers, der das Gegenteil von unserem ruhigen Pastor war. Er war Choleriker, der manchmal ganz schön aufbrausen konnte. Aber hinter der harten Schale verbarg sich ein herzensguter Mensch, der sich beispielhaft für die Jugend engagierte.

Wichtig war in dieser Phase unserer Jugendzeit die Beschäftigung mit dem Ziel dieser Jugendbewegung. Das Ziel lautete schlicht und einfach: „Lebensgestaltung in Christus." Jeder junge Mensch sucht in dieser Zeit des Erwachsenwerdens nach einem Sinn im Leben. Wer bin ich als Mensch? Warum bin ich auf Erden? Was ist meine Lebensaufgabe? Es ist sicher auch die Frage nach dem Beruf. Hier gab uns der Bund Neudeutschland mit seiner Zielsetzung eine klare eindeutige Antwort: Du sollst dein Leben nach dem Vorbild Jesu Christi gestalten. Darüber haben wir dann in den Oberrunden (das waren die Älteren ab 17 Jahren) mit unserm Religionslehrer viel diskutiert. Mit viel Erfolg. Immerhin sind aus dem ND damals acht Priester hervorgegangen, zweifellos auch ein großes Verdienst unseres Religionslehrers.

Im Nachhinein müssen wir sagen, dass der Bund Neudeutschland ganz entschieden, ja sogar am meisten unser Leben geprägt hat. Er hat uns den Zugang zum Glauben eröffnet und damit den Weg zu einem sinnvollen Leben. Wir lernten schon sehr früh, Verantwortung für junge Menschen zu übernehmen. Auch bei der Berufsfindung half uns der Bund Neudeutschland. Dafür sind wir ihm heute noch sehr dankbar.

5. Berufung

Und dann, ein Jahr vor dem Abitur, in der Oberprima, stand sie da, die schwere Frage nach dem Beruf. Was willst du einmal werden?

Wir waren uns als Zwillinge sehr ähnlich, sodass man uns schon einmal fragte: „Gibt es bei euch auch Unterschiede?“ Ich antwortete dann immer sehr schnell: „Ja, ich habe noch einen Blinddarm, mein Bruder nicht mehr.“

Der Blinddarm war aber nur das äußere Merkmal, durch das wir uns unterschieden. Und doch wurde er bei meinem Bruder zu einem entscheidenden Kriterium bei seiner Berufswahl. Er musste sich nämlich einer Blinddarmoperation unterziehen. Er war 15 Jahre alt. Während seines Krankenhausaufenthaltes wurden die Kinder und Jugendlichen vom Krankenhausseelsorger zur Beichte eingeladen. Nach der Beichte sagte er zu ihm: „Möchtest du nicht Priester werden?“ Mein Bruder wies dieses Ansinnen weit zurück. „Da sehe ich keine Möglichkeit. Mit Mittlerer Reife sollen wir beide das Gymnasium verlassen und einen Beruf erlernen. Und bis zur Priesterweihe ist ein weiter Weg. Wer soll das bezahlen?“ Der Krankenhausseelsorger gab zur Antwort: „Bei Gott ist kein Ding unmöglich.“

Nach dieser äußeren Berufung durch den Vertreter der Kirche kam nun die innere Berufung – die Herzensberufung durch Gott – dazu. In dieser Stille des Krankenhausaufenthaltes ging mir der Gedanke nach: „War das der Ruf Gottes ?“ Ich versuchte, mich zu wehren: Für diesen Beruf bin ich nicht würdig genug. Und ein priesterliches Opferleben wollte ich nach den Wirren des Zweiten Weltkrieges auch nicht führen; da haben alle genug gelitten. Aber Gott blieb hartnäckig; alle Ausreden halfen nichts. Dann hatte es gefunkt. In einem Erlebnis starker

Gotteserfahrung wurde mir im Lichte des Heiligen Geistes klar, was für ein Gnadengeschenk mir von Gott angeboten wurde. Ich konnte nicht mehr widerstehen und sagte: „Ich bin bereit, mit Gottvertrauen und Zuversicht diesen Weg zu wagen; denn bei Gott ist kein Ding unmöglich." Von dieser Stunde an, so sagte mein Bruder später einmal, hat ihn dieser Gedanke nicht mehr losgelassen. Und so stand eigentlich schon früh der Entschluss fest, dass er Priester werden und in einen Orden gehen wollte. Mit dem Orden hatte es eine besondere Bewandtnis. Meine Mutter kannte aus ihrer Jugendzeit sehr gut die Vinzentinerinnen, einen Frauenorden, der Hervorragendes geleistet hat zu einer Zeit, als der Staat sich noch wenig um die soziale Frage kümmerte. Die Vinzentinerinnen setzten sich mit großer Hingabe für die Waisen, Kranken und Alten ein. Wir haben diese Nonnen oft bewundert. Es waren lebendige Vorbilder christlichen Glaubens. Vor allem kannte meine Mutter eine Schwester mit Namen Heriberta gut, eine Heilige, wenn sie auch von der Kirche nie heiliggesprochen wurde. Sie war Taufpatin von meinem Bruder Heribert. Ich glaube, sie hat ihm auch die Gnade des Priestertums erbeten, von der ich als Zwillingsbruder vielleicht auch etwas mitbekommen habe. Für meinen Bruder stand dann auch schon bald fest: Ich werde Priester und gehe dann in den Orden der Vinzentiner. Das war der männliche Zweig des Ordens, den Vinzenz von Paul im 18. Jahrhundert gegründet hatte.

Ich habe mich – es gibt bei Zwillingen doch Unterschiede, nicht nur, was den Blinddarm angeht – mit meiner Berufswahl schwergetan und mich lange mit dieser Frage auseinandergesetzt. In den Orden gehen wie mein Bruder, das kam auf keinen Fall in Frage. Nein, ich wollte Studienrat werden, entweder mit den germanistischen Fächern Deutsch, Philosophie, Religion, oder mit den naturwissenschaftlichen Fächern Mathematik, Physik, Chemie und Biologie. In all diesen sieben Fächern hatte ich auf dem Abiturzeugnis die Note „gut". Schließlich waren wir auf einem mathematisch-naturwissenschaftlichen Gymnasium; daher auch die Neigung zu diesen Fächern. Ich habe mich dann nach dem Abitur entschieden, Weltpriester zu werden, vielleicht sogar Religionslehrer wie der „dicke Mü." Und so begann ich mit dem Theologiestudium in Bonn. Aber meine Entscheidung war nicht endgültig. Ich hatte noch große Zweifel, ob es für mich der richtige Beruf wäre. Was für ein Wunder, ohne vorherige Absprache wollte mein Bruder auf einmal auch nicht in den Orden gehen. Er wollte mit mir zusammen auch Weltpriester werden. Zufall oder Fügung? Heute sage ich: Fügung Gottes! Und so war die Gymnasialzeit beendet und die Zwillinge gingen nach Bonn ins Albertinum, um Theologie an der Universität Bonn zu studieren und Priester zu werden.

3. KAPITEL: STUDENTENZEIT

1. Werkstudent

Das schlug natürlich in unserem Wohnviertel wie eine Bombe ein. Die Zwillinge wollen Priester werden. Diese Nachricht breitete sich wie ein Lauffeuer aus.
Meine Mutter wurde damit zuerst konfrontiert. Als sie in die Metzgerei kam, wo wir unser Fleisch und die Wurst kauften, meinte die Verkäuferin: „Ich han gehürt, ühr schön Junge wulle Priester weede. Wie künnt ihr dat nur zolosse, dat ür schöne Junge Priester weede wolle. Die künne doch och noch zwei Mädche glücklich mache." (Ich habe gehört, dass Ihre beiden Jungen Priester werden wollen. Wie können Sie das nur zulassen. Die könnten doch auch noch zwei Mädchen glücklich machen.) Meine Mutter, eine echt Kölsche, antwortete schlagfertig: „De levve Herrjott will och nit nur et aal Jeschräppels han." (Der liebe Gott will auch nicht nur die alten Knacker haben.) Um das notwendige Geld zu verdienen, haben wir dann eine Zeit lang als Werkstudenten gearbeitet. Das war damals üblich. Und Stellen bekam man genug. So haben wir nach dem Abitur zunächst zwei Monate bei der Kreissparkasse in Köln am Neumarkt gearbeitet. Da wir beide gut in Mathematik waren, konnten wir gut mit Zahlen und Konten umgehen. Hier hatten wir dann auch wieder ein Zwillingserlebnis eigener Art. Am ersten Tag gab uns die Mutter Butterbrote für den Tag mit, damit wir nicht verhungerten. Sie meinte aber: „Schaut mal, vielleicht gibt es dort eine Kantine, wo ihr etwas Warmes bekommt." Ich fragte dort den Chef. „Ja", sagte er, „wir haben

oben im letzten Stock eine Kantine, die ist sehr gut." Ich sagte zu meinem Bruder: „Bleib mal hier unten sitzen, ich schau mir den Laden mal an." Als ich in der Kantine ankam, war die so voll, dass ich kaum einen Platz fand. Nur noch ein Tisch mit zwei Stühlen war frei. Ich setzte mich dort hin und nahm mein Mittagsmahl ein. Es war zwar nicht so gut wie bei Mutter zu Hause, aber man konnte es essen. Anschließend ging ich zu meinem Bruder, dem Erstgeborenen, und meinte: „Es ist in Ordnung. Hier können wir in den nächsten zwei Monaten essen. Wir brauchen keine Butterbrote mehr mitzunehmen." Mein Bruder ging nun hinauf in die Kantine, um sein Mittagsmahl einzunehmen. Wie der Zufall es wollte, setzte er sich auf denselben Platz wie ich zuvor; offenbar war das der einzige Platz, der noch frei war. Lange Zeit ging die Serviererin an ihm vorbei. Nach zehn Minuten wurde mein Bruder ungeduldig und meinte: „Fräulein, wollen Sie mich nicht auch mal bedienen?" Da beugte sich die Serviererin zu ihm herunter und meinte: „Oh, sind Sie eben nicht satt geworden?"

So haben wir die ersten vier Semester als Werkstudenten gearbeitet. Zeit genug war ja, denn das Sommersemester dauerte drei Monate und das Wintersemester vier Monate. Fünf Monate im Jahr konnten wir etwas verdienen, um das Albertinum und die Studentengebühren bezahlen zu können. So haben wir bei der Kreissparkasse, in einer Bücherei und bei einem Malermeister gearbeitet. Das war nicht immer schön, aber es brachte das notwendige Geld ein. Vor allem haben wir beide viele Jahre die Ferientransporte der Caritas Bonn geleitet. Vier Wochen waren wir mit 50 – 80 Kindern in Bayern, Österreich und der Schweiz unterwegs. Da wir beide im ND schon viele Jahre Jugendgruppen geleitet hatten, war das für uns kein Problem. Im Gegenteil, es waren unsere persönlichen Ferien. Und die wurden vom Caritasverband und Studentenwerk gut bezahlt.

Dann kam das Honnefer Modell auf, eine staatliche Studienförderung. Nun durften wir in den Ferien nicht mehr arbeiten gehen. Die freie Zeit sollten wir nun zum Studium nutzen. Das taten wir dann auch.

2. Albertinum / Bonn

Als Priesteramtskandidaten lebten wir in der Semesterzeit im Albertinum am Rhein zusammen mit 180 anderen Theologen. Es war eine schöne Zeit. Jeder hatte ein Zimmer für sich, wo er in Ruhe studieren konnte. Das Essen war bei der Massenabfertigung guter Durchschnitt. Das Tagesprogramm allerdings war hart. Um 5.45 Uhr ging die Schelle, die uns mit ohrenbetäubendem Lärm aus dem Schlaf riss. Man musste sich dann schnell waschen, rasieren und kämmen. Geduscht wurde nur einmal in der Woche am Samstag. Um 6.10 Uhr ertönte die Schelle zum zweiten Mal und alle strömten in die Kapelle. Hier hatte jeder seinen festen Platz, sodass der Direktor sofort feststellen konnte, wo einer fehlte. Der musste dann später beichten: „Ich bin beim Wecken liegen geblieben.“ Nach dem gemeinsamen Morgengebet (Laudes) hielten wir eine halbe Stunde Betrachtung, die jeder selbstständig gestalten konnte. Ich hatte immer ein Buch, z. B. die Bekenntnisse des hl. Augustinus, in dem ich las und darüber nachdachte: „Was will der Herr mir damit sagen?“ Während der Betrachtung war absolute Stille. Manch einer ist auch eingenickt und wurde erst wieder wach, wenn die Orgel das erste Lied für die hl. Messe intonierte. Jeden Morgen wurde die hl. Messe in lateinischer Sprache gefeiert. Der Priesteramtskandidat sollte sich bereits jetzt schon daran gewöhnen, dass das tägliche Messopfer zum Grundbestandteil seines Berufes gehört. Um 7.30 Uhr gab es dann das gemeinsame Frühstück. Um 8.00 Uhr gingen wir zur Universität, wo um 8.15 Uhr die Vorlesungen begannen, die bis 13.00 Uhr dauerten. Man ging dann wieder zum Albertinum, wo um 13.30 Uhr das Mittagessen auf uns wartete. Von 14.00 – 15.00 Uhr war absolute Mittagsruhe. Dann schliefen oder ruhten alle Studenten; immerhin, es war ja ein langer, anstrengender Vormittag. Anschließend wurde studiert. Man arbeitete die Vorlesungen aus oder las in Büchern zur Vertiefung des Lehrstoffes. Um 19.00 Uhr war das gemeinsame Abendessen. Anschließend hatten wir eine Stunde Freizeit. Die meisten gingen dann in Gruppen diskutierend an der Rheinpromenade bis zum Bundeshaus und zurück. Um 21.00 Uhr verrichteten wir gemeinsam das Abendgebet (Komplet) in der Kapelle, bei dem der Spiritual (geistlicher Betreuer der Theologen) eine kurze Meditation über Gebete, Psalmen oder Schrifttexte hielt. Ab 21.30 Uhr war absolute Nachtruhe. In Prälat Dr.

Zwillinge als Studenten in Bonn bei einer Wanderung

Daniels hatten wir einen guten, umsichtigen, väterlichen Direktor und Priester. Und so wurde das Albertinum für uns beide ein neues religiöses Zuhause. Man lernte im Albertinum auch die Mitbrüder kennen, mit denen man später im Erzbistum den Dienst versah. So wird man vertraut mit dem Presbyterium, vor allem mit dem Weihesemester, das sich heute noch regelmäßig jährlich trifft. Das Studium war von großer Wichtigkeit für unseren zukünftigen Beruf. Wir haben es denn auch mit großem Ernst und Fleiß begonnen. In den ersten vier Semestern hörten wir schwerpunktmäßig die philosophischen Fächer: Erkenntnistheorie, Metaphysik, Ethik und Psychologie. Außerdem mussten wir uns mit der Geschichte der Philosophie von den alten Griechen bis zu den Philosophen der Neuzeit beschäftigen. Das war sehr schwer, aber hochinteressant. Was sagen uns die Philosophen (die Weisen) über Gott, den Menschen und die Welt? Zusätzlich hörten wir auch einige theologische Fächer wie Kirchengeschichte und Entstehung und Geschichte des Alten und Neuen Testamentes. Da wir beide zwar das große Latinum hatten, aber keine Griechischkenntnisse, mussten wir diese sehr schwere Sprache auch noch nebenbei erlernen, um dann später das Neue Testament in der Ursprache lesen und exegesieren zu können. Das war der helle Wahnsinn, eine wüste Paukerei. Natürlich bestanden wir beide die schriftliche und mündliche Prüfung. Wir hatten uns ja auch in den Ferien hinreichend darauf vorbereitet, sodass schließlich die griechischen Vokabeln aus Ohren, Nase und Mund herausquollen. Aber wir konnten dann auch monatelang kein Griechisch mehr sehen (Griechisch-Allergie). Das Studium der ersten vier Semester schloss mit schriftlichen und mündlichen Prüfungen ab, mit dem sogenannten Philosophikum. Ich, der Zweitgeborene, wurde aufgrund meiner guten schriftlichen Leistungen vom Mündlichen befreit. Das aber hatte noch einen weiteren Vorteil: Als Belohnung für das gute Abschneiden durfte ich zwei Freisemester außerhalb des Albertinums studieren. Auch mein Bruder erbrachte gute Leistungen, und so konnten wir gemeinsam ins Freisemester gehen.

3. Freisemester / Freiburg

Nun lebten wir einmal ein Jahr wie alle anderen Studenten außerhalb des Albertinums. Wir mieteten uns eine Studentenbude in der Nähe des Bahnhofes. Sie lag mitten in der Stadt, sodass wir zu Fuß die Universität, das Freiburger Münster und die Studentengemeinde erreichen konnten. Wir mussten uns selbst verpflegen. Das Geld war knapp. So gingen wir wie viele Studenten zum Essen in die Mensa. Da wurden Hunderte von Studenten abgespeist. Na ja, es ging, man wurde satt, wenigstens vorübergehend für eine Stunde. Es lief das Sprichwort unter den Studenten um: Der Student geht so lange zur Mensa, bis er bricht. Morgens und abends verpflegten wir uns per Butterbrot selbst. Dann wurden wir wenigstens satt. Manchmal gingen wir auch abends schon einmal ins Ratsstüble. Dort gab es „Russenei auf Kartoffelsalat." Das war schon etwas Besonderes. Warum auch nicht? Man gönnt sich ja sonst nichts. Sonntags gab es überall in den Restaurants als preiswerte Studentenmahlzeit Wiener Schnitzel (besonders groß) mit Pommes Frites und Salat. Immerhin, wir standen zum ersten Mal im Leben auf ganz eigenen Füßen, zwar etwas wackelig, aber: Es geht doch. Wir besuchten auch, eingeladen von verschiedenen Studentenverbindungen, die Anfangskneipen, wo gekeilt wurde, d. h. man versuchte Semester für Semester immer neue Studenten für die

Studentenverbindung zu gewinnen. Man konnte dann sogar kostenlos trinken. Wir besuchten eigentlich mehr aus Neugierde einige solcher Verbindungen, um das Studentenleben kennenzulernen. Schließlich aber schlossen wir uns dem ND-Hochschulring an, in dem es etwas seriöser und geistvoller zuging, d. h. hier floss der Alkohol etwas geringer. Dennoch, es war richtig, dass man sich einer Verbindung anschloss. Hier fanden wir auch Freunde, mit denen wir unsere Freizeit verbrachten. Freiburg im Breisgau war ein schönes Städtchen, nahe am Schwarzwald gelegen. So wanderten wir an den Wochenenden fast immer auf den zahlreichen Pfaden durch den Schwarzwald. Im Sommersemester machten wir über Pfingsten eine Radtour zum Vierwaldstätter See in die Schweiz. Im Winter fuhren wir an jedem Wochenende zum Feldberg. Dort haben wir uns dann Skier ausgeliehen und so machten wir in der herrlichen Winterlandschaft unsere Touren. Wir übernachteten in der Jugendherberge am Feldberg. Am Sonntagabend fuhren wir dann mit dem letzten Bus wieder nach Freiburg zurück. Das war ein schönes, sorgloses Studentenleben. Gerne sahen wir später auf diese Zeit zurück und meinten: In Freiburg haben wir studiert, in Bonn aber gearbeitet.

Selbstverständlich mussten wir auch hier jeden Morgen zur Universität zu den Vorlesungen. Nun hörten wir die theologischen Fächer wie Dogmatik, Fundamentaltheologie, Moral, Exegese Altes Testament und Exegese Neues Testament, Pastoraltheologie und katholische Gesellschaftslehre. Unser Interesse galt vor allem der Fundamentaltheologie, der Dogmatik und der Moral. Für meinen Bruder war das ganze Studium eine Anreicherung von Glaubenswissen, denn seine Entscheidung stand bereits fest. Für mich aber war das Studium auch eine Auseinandersetzung mit der Frage nach dem Sinn des Lebens und dem Suchen nach einer rechten Lebensaufgabe (Beruf).

Dabei hatte ich ein Schlüsselerlebnis, das in mir den Entschluss, Priester zu werden, bekräftigte. In der Dogmatik gibt es einen Traktat über die Gnadenlehre. Wir unterscheiden zwischen äußerer und innerer Gnade Gottes. Äußere Gnade ist z. B. ein gutes Elternhaus, gute Lehrer, rechte Freunde, etc. Die innere Gnade aber besagt, dass Gott die Möglichkeit hat, unmittelbar durch Erleuchtungen des Verstandes auf den Menschen einzuwirken. Aber Gott kann auch unmittelbar durch Motivation den Willen des Menschen zum Guten stärken. Gott kann mich also unmittelbar lenken und leiten über meinen Verstand und meinen Willen. Von da an gewann mein Gebet einen ganz anderen Stellenwert. Kein Gebet war umsonst, denn Gott konnte unmittelbar durch seine innere Gnade auf mich (auf meinen Verstand und meinen Willen) Einfluss nehmen. Ich empfand mich nun ganz und gar als Geschöpf Gottes. Ich war in seiner Hand. Gott wurde nun zum absoluten Mittelpunkt meines Lebens.

Nach den zwei Freisemestern kamen wir wieder für zwei weitere Semester ins Albertinum und gingen zur Universität Bonn. Hier hörten wir dann den jungen Professor Ratzinger in Fundamentaltheologie. Wir waren alle von seinen Vorlesungen begeistert. Aber auch die Studenten anderer Fakultäten kamen zu seinen Vorlesungen, sodass der Hörsaal brechend voll war. Man musste schon rechtzeitig anwesend sein, um einen

Zwillinge als Studenten in Freiburg/Br., Skiwanderung auf dem Feldberg

Sitzplatz zu bekommen. Aber nicht nur seine Intelligenz und Didaktik imponierten uns, sondern auch seine große Freundlichkeit und Menschlichkeit. So erlebten wir schon damals den heutigen Papst. Dann aber kam nach acht Semestern das Abschlussexamen (Introitus). Wir schrieben an dreieinhalb Tagen 14 Klausuren (pro Klausur anderthalb Stunden), morgens zwei und nachmittags zwei. Nie mehr im Leben haben wir so gepaukt wie für dieses Abschlussexamen. Wir mussten den Inhalt vieler Bücher beherrschen. Man wusste ja nie, welches Thema ausgewählt wurde. In der Tat, wir haben oft bis tief in die Nacht gearbeitet; denn wir hatten ja auch den Ehrgeiz, gut abzuschneiden. Wir schlossen beide den Introitus mit der Gesamtnote „gut“ ab. Wir waren zufrieden, die Mühen hatten sich gelohnt.

4. Priesterseminar

Dann wechselten wir für zwei Jahre unser Domizil. Wir gingen für vier Semester ins Priesterseminar nach Köln.
Während in Bonn das Studium (Glaubenswissen) im Vordergrund stand, ging es nun vor allem um die Spiritualität. Mit dem Spiritus Sanctus bezeichnet man den Hl. Geist. Die Priester sollen also aus dem Geiste Jesu Christi leben, deshalb nennt man sie auch Geistliche. – Als wir ins Priesterseminar kamen, nahmen wir alle an Exerzitien teil, die eine ganze Woche dauerten. Danach erhielten wir die Tonsur. Mit der Tonsur waren wir Kleriker. Wir durften nun die Priesterkleidung tragen. Im Priesterseminar zogen wir den schwarzen Talar an und sonntags, wenn wir zum Kölner Dom gingen, die schwarze Souta-

ne. Wenn wir das Haus verließen, mussten wir einen schwarzen Anzug mit Kolar tragen, sodass wir für jedermann als Priester erkennbar waren. Mit der Erteilung der Tonsur übernahm der Bischof die Verpflichtung, nunmehr für unsern Lebensunterhalt zu sorgen. Der Aufenthalt im Priesterseminar war also kostenlos. Nach einem Semester erhielten wir die vier niederen Weihen: Ostiarier (Türhüter), Lektor, Exorzist und Akolyth. Nach dem zweiten Semester empfingen wir die Subdiakonatsweihe. Das war nun schon ein sehr entscheidender Schritt, denn mit der Subdiakonatsweihe war die Verpflichtung zum Zölibat und zum Breviergebet verbunden.

Das Priestertum ist nicht unbedingt mit dem Zölibat verbunden. In der orthodoxen Kirche, die uns am nächsten steht, sind die meisten Priester verheiratet. Das war früher auch in der lateinischen Kirche der Fall. Die katholische Kirche hat dann aber den Zölibat mit dem Priestertum verbunden, sodass heute keiner mehr Priester werden kann, der nicht den Zölibat auf sich nimmt. Der Priester braucht also eine doppelte Berufung, die Berufung zum Priester und die Berufung zu einem zölibaten Leben. Das ist ein großes, lebenslanges Opfer. Es ist nicht nur Verzicht auf jegliche sexuelle Betätigung, sondern auch der Verzicht auf die Geborgenheit einer Familie. Nur wenn ein Mensch tief in der Liebe Gottes verankert ist, wird er dieses Opfer auf sich nehmen. Damit soll der Priester ganz für Gott und die Gemeinde da sein. In einem Aufsatz musste der Priesteramtskandidat bekunden, dass er für sein Leben den Zölibat bejaht.

Außerdem musste der Subdiakon das tägliche Breviergebet in lateinischer Sprache verrichten. Die Mönche, z. B. die Benediktiner in Maria Laach, kommen alle drei Stunden zum Stundengebet in der Basilika zusammen. Die einzelnen Stundengebete, Horen genannt, werden gesungen: am Morgen die Laudes und

die Prim; am Mittag die Terz, Sext und Non, am Abend die Vesper und die Komplet und in der Nacht die Matutin. Die Priester singen das Stundengebet nicht, sondern sie beten es nur. Diese verkürzte Form nennt man deshalb Brevier. Für das Breviergebet braucht man eine Stunde. Ab der Subdiakonatsweihe musste der Priester das Breviergebet jeden Tag verrichten. Es diente nicht nur der persönlichen Heiligung, sondern war vor allem Gebet für die Kirche. Es gehört zu den wichtigsten Aufgaben des Priesters, nicht im Aktivismus aufzugehen, sondern für die Gemeinde und die gesamte Kirche zu beten, denn sonst liegt auf seinem ganzen Tun kein Segen. Wir haben uns immer von der Stelle des hl. Paulus im ersten Korintherbrief leiten lassen: „Paulus hat gesät, Appollos begossen, Gott aber muss das Wachstum geben. Darum kommt es weder auf den an, der sät, noch auf den, der begießt, sondern auf Gott, der das Wachstum gibt" (1Kor 3,1-9). Gott muss den Glauben in den Herzen der Menschen wecken und wachsen lassen; wir Priester können nur die Voraussetzung schaffen. Wer ins Priesterseminar ging, hatte auch schon für sein Leben eine klare Entscheidung getroffen. Er hatte sich klar für den Zölibat und das tägliche Breviergebet entschieden. Nach dem dritten Semester folgte die Diakonenweihe und nach dem vierten Semester die Priesterweihe. Den ganzen geistlichen Prozess (Spiritualität) begleitete ein Priester, der als Spiritual den Priesteramtskandidaten im Seminar zur Seite stand.
Sicher wurde in den vier Semestern des Priesterseminars auch noch fleißig studiert. Nun standen vor allem die praktischen Fächer im Mittelpunkt. Wir hörten Vorlesungen über die Liturgie des Kirchenjahres, über die hl. Messe, die Sakramente und Andachten. Die hl. Messe, das Herzstück des Priesters, wurde im Beisein des Seminarprofessors genau einstudiert in Worten und Gebeten. In der Katechetik lernten wir die Grundbegriffe

der Pädagogik kennen, um im Religionsunterricht an den Schulen die Kinder in der rechten Weise ansprechen zu können. Es kamen sogar Schulklassen ins Priesterseminar. Jeder Priester musste dann eine Katechese halten. In der Homiletik lernten wir predigen. Die erste Predigt wurde im Seminar vor dem eigenen Semester gehalten (das war die schwerste; denn Theologen sind nun mal sehr kritisch bei den eigenen Leuten). Selbstverständlich musste die Predigt ohne vorliegendes Konzept auswendig gehalten werden nach dem Motto: Die Leute wollen angesprochen, nicht angelesen werden. Manch einer blieb beim Predigen hängen, und wir hatten dann eine ganze Woche lang etwas zum Lachen. Die 2. und 3. Predigt hielten wir dann in einer der umliegenden Kirchen. Ich durfte in St. Gereon und in Maria in der Kupfergasse predigen, mein Bruder in der Klosterkirche der Benediktinerinnen in Köln-Raderthal und in St. Ursula. Der Ortspfarrer kündigte uns dann immer groß an: „Heute predigt der Seminarist und Diakon N.N. Nehmen Sie bitte Rücksicht darauf." – Weitere Fächer waren Kirchenmusik, Pastoral- und Beichtpraxis. Im Priesterseminar wurden wir gut für die Praxis vorbereitet. Wir beide sind für die Grundausbildung im Albertinum und Priesterseminar sehr dankbar. Wir erhielten hier das Rüstzeug für das ganze berufliche Leben.
Sehr hilfreich und stützend war aber auch die Kommunität (das zukünftige Presbyterium). Man merkte schon, dass alle überzeugte Christen waren, die sich sehr viel Mühe gaben, auch ihr Christsein hier und heute zu leben. Alle waren um echte Mitbrüderlichkeit bemüht. Wir hatten allerdings auch einen guten, menschlichen und humorvollen Regens, den späteren Weihbischof Dr. Frotz. Mit ihm haben wir als Diakone eine erbauliche, unvergessliche Romfahrt gemacht. In der Tat, wir hatten auf dem Weg zum Priestertum hervorragende priesterliche Persönlichkeiten.

Vielleicht sollte ich noch erwähnen, dass auch einiges für unsere Leibesertüchtigung getan wurde. So konnten wir jeden Tag das Schwimmbad im Priesterseminar benutzen. Dabei machten wir beide unsern DLRG-Grund- und Leistungsschein. Ich machte sogar den Lehrschein und erhielt die goldene Medaille. Außerdem fuhren wir mittwochs nachmittags nach Bensberg zum alten Priesterseminar. Dort konnten wir Fußball spielen und wandern. Zurück fuhren wir mit der Straßenbahn.
Nach zwölf Semestern kam dann schließlich die lang ersehnte Priesterweihe. Vorher wurde jeder vom Bischof zu einem persönlichen Gespräch eingeladen (Skrutinium). Der Bischof stellte an mich die Frage: „Haben Sie sich die Entscheidung zum Priestertum und zum Zölibat gut überlegt?" Ich gab zur Ant-

Priesterweihe am 22. Februar 1962 im Kölner Dom

wort: „Ja, ich hatte sechs Jahre Zeit, um mir Klarheit zu verschaffen. Ich glaube, dass ich nun die rechte Entscheidung getroffen habe." „Sie werden den Weg gehen im Vertrauen auf Gottes Gnade", so meinte der Bischof. Es war übrigens Kardinal Frings. Diesen Satz habe ich mir von dem ganzen Gespräch gemerkt: „Im Vertrauen auf Gottes Gnade können Sie es schaffen." Übrigens: Kardinal Frings war nicht nur als ein humorvoller Bischof beim Volke sehr beliebt, sondern er war auch ein väterlicher Freund gegenüber allen Priestern seiner Diözese. Da das erzbischöfliche Haus direkt neben dem Priesterseminar lag, lud er jeden Tag zwei Seminaristen ein, die mit ihm zunächst die hl. Messe feierten und anschließend zum Frühstück eingeladen wurden. So kam auch zwischen Bischof und Priestern ein persönlicher Kontakt auf.

Am 22. Februar 1962 war es dann so weit. Es war das Fest Kathedra Petri. Das Ziel unseres Lebens war erreicht. Mit 30 Diakonen empfingen wir im Hohen Dom zu Köln die Priesterweihe. Die Freude und Aufregung war groß, sodass wir die Kälte im Dom nicht spürten. Die Feier dauerte vier Stunden und doch gingen sie wie im Flug herum. Es war der Höhepunkt unseres Lebens. So Gott will, werden wir in ein paar Jahren (2012) unser Goldenes Priesterjubiläum feiern.

Nach der Priesterweihe kam gleich noch ein hohes Fest. Wir feierten unsere Primiz mit unserer Heimatgemeinde St. Elisabeth in Köln-Mülheim. Die Anteilnahme war groß, waren wir doch zwölf Jahre Messdiener in dieser Gemeinde und allen gut bekannt. Am späten Nachmittag wurde dann der Primizsegen erteilt und die Primizbildchen verteilt. Wir hatten uns das Bild von den Emmausjüngern von Rembrandt ausgesucht. Wie die beiden Emmausjünger wollten wir beide mit dem Herrn durch das Leben gehen, immer an seiner Seite. Auf der Rückseite hatten wir ein Gebet gewählt, das von Franziskus von Assisi stammt:

Mit dem Ortspfarrer Weber bei der Primiz in St. Elisabeth in Köln-Mülheim

O Herr, mache aus uns ein Werkzeug deines Friedens.
Gib, dass da, wo der Hass wohnt, wir die Liebe bringen;
wo die Zwietracht trennt, wir zur Eintracht binden;
wo der Irrtum herrscht, wir die Wahrheit künden;
wo der Zweifel umgeht, wir den Glauben wecken;
wo die Verzweiflung lähmt, wir die Hoffnung beleben;
wo die Trauer niederdrückt, wir die Freude hocherheben.
Denn, indem wir geben, empfangen wir;
indem wir uns vergessen, finden wir uns;
indem wir gottergeben sterben,
ziehen wir ein in das ewige Leben. Amen.

Primizbild „Jesus mit den beiden Emmausjüngern“

4. KAPITEL: KAPLANSZEIT

A: Bonn-Tannenbusch

1. Hausfrauentag

Als wir zum Priester geweiht wurden, waren wir 26 Jahre alt. Nun mussten sich die Zwillinge zum ersten Mal im Leben wirklich trennen. Das war nicht leicht; denn man hatte bisher alles gemeinsam überlegt, geplant und getan. Nun stand jeder auf eigenen Füßen. Um die Trennung einigermaßen erträglich zu machen, führten wir den sog. „Hausfrauentag" ein. Man muss wissen, dass jeder Priester in der Woche einen freien Tag hat, an dem er einmal frei ist von allen Verpflichtungen; denn samstags und sonntags stand er voll im Dienst. Wir wählten den Donnerstag als freien Tag. Das hat auch die Gemeinde akzeptiert. Bei allem Engagement braucht auch der Priester eine Zeit zum Verschnaufen. Und so entstanden im Volksmund die Worte: „Der Kaplan ist heute nicht da; er hat seinen „Hausfrauentag." Es war für uns vor allem ein Wandertag. Oft trafen wir uns am Bahnhof in Königswinter und gingen dann durch das Nachtigallental zur Margaretenhöhe und weiter zum Ölberg. Irgendwo in einem Ausflugslokal, meist im Berghof, haben wir dann eine lange Mittagspause eingelegt und gegessen nach dem Motto: „Wer nicht genießt, wird auf die Dauer ungenießbar." Wir Kölner sagten dann: „Man muss sich auch selbst etwas gönnen." Nach dem Essen ging es dann hinunter nach Rhöndorf am Fuße des Drachenfels. Dabei gingen wir stets über den Waldfriedhof und statteten dem verstorbenen Altbundeskanzler Adenauer am Grab einen Besuch ab. Dazu gehört natürlich auch ein Gebet als Dank für sein großes Lebenswerk für Deutschland. In Rhöndorf machten wir dann im „Cafe Ziepchen“ am Markt eine Kaffeepause. Dann setzten wir unsere Wanderung am Rhein von Rhöndorf nach Königswinter fort. Das Schönste am Wandern sind die Pausen. Und so nutzten wir auch die zahlreichen Bänke unterwegs, um uns auszuruhen. Wir gingen nie allein, sondern wurden von unserer Mutter, die meinem Bruder den Haushalt führte, begleitet. Meine Mutter brachte eine Bekannte mit und so gingen die beiden Frauen und wir munter und fröhlich durch Gottes schöne Natur. Wir beide hatten dann die große Möglichkeit, uns auszutauschen. Jeder erzählte, was er in der Woche erlebt hatte. Offen sprachen wir über alle Erlebnisse. Jeder stand dem anderen mit Rat und Tat zur Seite. So wurde der Hausfrauentag für uns zu einem großen Rückhalt in guten und in schlechten Zeiten.

2. Pastor Zimmer

Wie gesagt, die Wege gingen nun auseinander. Ich, Alfred, wurde Kaplan in Bonn-Tannenbusch und mein Bruder Heribert Kaplan in Bensberg. Wichtig ist für einen jungen Kaplan der Pastor an seiner ersten Stelle. Sechs Jahre hatte er studiert. Nun musste die Theorie in die Praxis umgesetzt werden. Man fängt als Lehrling an und braucht einen guten, verständnisvollen Meister. Den fand ich in Pfarrer und Dechant Zimmer. Er war ein guter Lehrmeister, ein herzensguter Mensch und hatte viel Humor. Wie ich war er Kölner. Da hatten sich in der Tat die beiden Richtigen gefunden. Es kam im Laufe der Zeit eine richtige Freundschaft auf. Und dies ist wichtig, damit auch die Gemeinde merkt, die beiden Geistlichen verkünden nicht nur den

christlichen Glauben, sondern sie bemühen sich auch, ihn zu leben. Und so habe ich mich als Kaplan rundum wohlgefühlt, was die Arbeit in der Seelsorge beflügelte.
Am Tag, als ich mich bei ihm vorstellte, meinte er: „Oh, hoffentlich kommen Sie nicht zu spät. Wir haben für Sie hier keine Wohnung gefunden. Deshalb habe ich dem Personalchef schon mitgeteilt, dass wir im Augenblick keinen Kaplan unterbringen könnten." Es ist wohl im Jugendheim ein Zimmer frei, das könnte ich haben, wenn ich damit zufrieden wäre. Ich sah mir das Zimmer an und meinte: „Kein Problem! Für den Anfang reicht mir ein Zimmer." Das war mir sogar recht, dann brauchte ich nicht erst ein Zimmer einzurichten. Schnell wurde der Personalchef angerufen, um ihm mitzuteilen, dass der neue Kaplan nun doch in Tannenbusch bleiben kann. „Nun", meinte der Personalchef, „der Anruf kommt gerade noch rechtzeitig. Ich hatte ihren Kaplan schon nach St. Josef in Bonn-Beuel versetzt. Ich wollte gerade zum Kardinal Frings gehen, um das bestätigen zu lassen. Ich werde das natürlich sofort ändern." Zum Glück, denn Tannenbusch war eine neue aufstrebende Gemeinde, und das war für mich ein guter Start.
In diesem Zimmer im Jugendheim hatte ich dann auch ein besonderes Erlebnis. Ich hatte die Jugend der Gemeinde zu einem Vortrag über Negro Spirituals eingeladen. Anschließend hatte ich den Referenten entlassen und die Haustüre des Jugendheimes geschlossen. Meine Zimmertüre schloss ich nachts nicht ab. In dieser Nacht war es sehr stürmisch, und Tür und Fenster klapperten. Ich schlief sehr unruhig und wurde auch öfters wach. Auf einmal wurde es merkwürdig ruhig. Da sah ich, wie eine Gestalt von der Türe zum Schreibtisch schlich. Er merkte, dass ich wach wurde und ging leise wieder zur Tür zurück. Mutig nahm ich mein Plumeau und warf die Tür hinter ihm zu. Dann öffnete ich die Türe auf einen Spalt, und wir

sahen uns von Angesicht zu Angesicht. Er machte einen genauso erschrockenen Eindruck wie ich. Ich fragte ihn, was er denn wolle? Er gab mir zur Antwort: „Beichten." Ich meinte: „Wie? Mitten in der Nacht beichten?" Er verbesserte sich und meinte, nicht er, sondern seine Oma wolle beichten. „Ach so", sagte ich, „Versehgang" (letzte Ölung). Ich bat ihn, draußen zu warten, ich würde mich schnell anziehen und dann mit ihm gehen. Schnell hatte ich meine Sachen angezogen, lief nach draußen und rief: „Hallo, hallo." Der „Hallo" war aber über alle Berge verschwunden. Ich stand draußen mitten in der kühlen Nacht. Da dämmerte es bei mir, ob das nicht ein Überfall war. Ja richtig, der wollte stehlen. Deshalb sein Gang zum Schreibtisch. Am nächsten Morgen erzählte ich das meinem Pastor beim Frühstück. Im ersten Jahr wurde ich nämlich vom Pfarrhaus versorgt, näher hin von der Schwester des Pastors mit Namen Mia. Nebenbei bemerkt, sie kochte so gut, dass ich im ersten Jahr zehn Pfund an Gewicht zunahm. Als ich meinem Pastor den nächtlichen Überfall erzählte, guckte er mich ungläubig an und dachte wohl – er sagte es nicht – der wird doch nicht völlig durchgeknallt sein, dass der nachts schon Gespenster sieht. Ich musste also den Beweis antreten, dass ich noch nicht unter Verfolgungswahn litt. Ich meinte, alles war doch verschlossen, aber wie war es mit den Toilettenfenstern? Richtig, wir sahen überall Lehmspuren, die anzeigten, dass der nächtliche Besucher dort eingestiegen war. Ich war heilfroh ob der Spuren, denn ich befürchtete schon, dass ich sonst wegen Halluzinationen in die Klappsmühle gekommen wäre.

3. Messdiener

St. Paulus in Bonn-Tannenbusch war eine Neugründung, etwa zehn Jahre alt. Sie hatte bei der Gründung ca. 1700 Katholiken. Bonn war Bundeshauptstadt und hatte viele mittlere und höhere Beamte, die alle eine Wohnung suchten. Aber nur im Norden konnte sich Bonn noch ausdehnen. So wuchs die Gemeinde in kürzester Zeit auf 5000 Katholiken an. Nun kam der Augenblick, dass die höheren Beamten, Ministerialräte und Ministerialdirektoren zum Generalvikar nach Köln fuhren und um einen Kaplan für die Jugend baten. Die Kirche ging vor so viel Politik in die Knie und meinte: „Selbstverständlich, Exzellenzen, werden Sie baldmöglichst einen Kaplan bekommen. Das sind wir der CDU schuldig."
Dieser erste Kaplan, heiß erfleht und erwartet, war ich. Und so hatte ich die Hauptaufgabe, mich um die Jugend zu kümmern. Vorhanden waren nur 20 Messdiener. Diese Jungen von 10 – 14 Jahren teilte ich in zwei Gruppen. Ich wollte aber noch eine dritte Gruppe bilden, denn es wollten viele Jungen noch Messdiener werden. Wir hatten damals viele Kinder, allein jedes Jahr über 100 Kommunionkinder. Davon meldeten sich 25 Jungen. Allerdings war es damals nicht so einfach, Messdiener zu werden. Die Liturgie der hl. Messe und des Kirchenjahres hatte ich ihnen schnell beigebracht, aber die lateinische Sprache war ein echtes Problem. Die armen Kerle, die noch keinen Lateinunterricht hatten, mussten zahlreiche Gebete in der lateinischen Sprache beherrschen, z. B. das Confiteor und das Suscipiat, teilweise richtige Zungenbrecher. So darf man sich nicht wundern, wenn der Haufen von 25 Jungen auf ein Häuflein von zehn Jungen schmolz, die dann aber feierlich im Beisein der Gemeinde in die Ministrantenschar aufgenommen wurden. Allerdings wurde mit den Ministranten nicht nur die Liturgie einstudiert,

sondern es gab auch eine sinnvolle Freizeitgestaltung. Wir machten Heimspiele, lernten Schach und führten mit dem Fahrrad schöne Ausflüge mit Übernachtungen durch. Es wurde schon etwas geboten, um die Jungen bei der Stange zu halten. Auf alle Fälle wurde jeden Montag von 18.00–19.30 Uhr Fußball gespielt auf dem Sportplatz neben der Paulusschule. Dabei hat sich dann folgendes Döneke ereignet.

Ich hatte ein gebrauchtes Moped, mein ganzer Reichtum; ein Auto konnte man sich damals als armer Kaplan nicht leisten. Ich fuhr vom Sportplatz mit meinem Moped nach Hause zur Pauluskirche. Als ich links in die Berta-Lungstras-Straße einbog, standen dort zwei Jugendliche mit ihren Mopeds. Als sie mich sahen, folgten sie mir nach. Sie wollten mir zeigen, was ihre Kisten drin hatten und drehten auf, um mich zu überholen. Das ließ ich natürlich nicht zu und drehte ebenfalls auf, also volle Pulle. Schließlich fuhren wir zu dritt nebeneinander. An der Ecke Paulusplatz stand ein Polizist und hielt uns an. Ich dachte, mir kann ja nichts passieren, du bist ordnungsgemäß gefahren. Pustekuchen! „Zeigen Sie mal Ihren Personalausweis." Ich hatte ihn natürlich nicht dabei. Ich meinte: „Ich wohne dahinten an der Kirche." In der Tat, ich holte den Ausweis und zeigte ihn dem Ordnungshüter. Nun meinte er: „Eine Mark Strafe, schließlich haben Sie den Ausweis immer bei sich zu haben." Mittlerweile waren die Messdiener auch mit ihren Fahrrädern angekommen. Sie lachten und strahlten vor Freude (Schadenfreude), dass die Polizei ihren Kaplan gestellt hatte. Ich sagte zu den Messdienern: „Könnt ihr mir eine Mark leihen, ich habe kein Geld dabei." Aber sie hatten natürlich zum Fußballspielen auch kein Geld mitgenommen. Ich meinte zu dem strengen Ordnungshüter: „Ich muss noch einmal verschwinden, ich habe kein Geld dabei." Mittlerweile sagte einer der Ministranten: „Wissen Sie, Herr Polizeioberkommissar, wen sie da geschnappt haben? Das ist unser Kaplan." O, das war dem Polizisten aber peinlich. Er kam mir schon entgegen und meinte: „Ich möchte mich vielmals entschuldigen, dass ich Ihnen ein Protokoll gemacht habe, nein, wie sehr tut mir das leid. Ich habe sie im Sportdress nicht erkannt. Am Altar sehen Sie anders aus." Ich habe brav mein Protokoll bezahlt. Schließlich war eine Mark ja auch für einen armen Kaplan noch erschwinglich. Und zu dem Ordnungshüter meinte ich: „Alles in Ordnung, sie haben ja nur ihre Pflicht getan." Anschließend ging ich dann zum Abendessen ins Pfarrhaus. Ich war gerade dabei, diese amüsante Begegnung mit dem Polizisten zu erzählen, da klingelte es. Mein Pastor ging zur Tür. Er kam zurück und sagte: „Der Polizist steht vor der Tür. Er wollte sich nochmals entschuldigen. Ob der Kaplan nicht etwas Zeit hätte, er möchte ihn zu einer Flasche Wein einladen." Ich bin dann mit ihm gegangen. Wir haben uns bei einer Flasche Wein gut unterhalten. Um zehn Uhr habe ich mich dann verabschiedet und meinte: „Unter diesen Umständen können Sie mir immer wieder ein Protokoll machen."

4. BDKJ

Die Messdiener waren *eine* Säule der Jugendarbeit. Eine zweite Säule war die Verbandsarbeit (BDKJ). Es ging hier um die außerschulische Jugendarbeit. Da standen wir erst am Anfang. Da ich durch den ND reichliche Erfahrung in Sachen Jugendarbeit hatte, fiel es mir nicht schwer, in den kommenden fünf Jahren eine gute Jugendarbeit aufzubauen. Ich führte auf Pfarrebene zunächst eine Führerschulung durch und konnte nach dem ersten Jahr schon zwei Mädchengruppen und zwei Jungengruppen eröffnen. Es waren die Frohschar und die Jungschar, so nannte man die Kindergruppen auf Pfarrebene damals. Wir gehörten dem Bund der Deutschen Katholischen Jugend (BDKJ) an. Von Jahr zu Jahr kamen zwei Gruppen hinzu, sodass wir schließlich hzwölf Gruppen hatten. Damit waren ca. 150 Kinder und Jugendliche in der Verbandsjugend eingebunden. Wir hielten jede Woche eine Gruppenstunde ab (anderthalb Stunden). Es wurde gesungen, gespielt und gebastelt. Eine Gruppe hat auch einmal einen Film gedreht. Ich selbst habe eine Theatergruppe geleitet. Mit Theaterliebhabern studierte ich lustige und ernste Theaterstücke ein, z. B. von Martin Luserke „Blut und Liebe“, oder von Antoine de Saint-Exupery „Der kleine Prinz.“ Einmal im Jahr hatten wir einen Elternabend im Studio B der Beethovenhalle, die stets gut besetzt war, da alle Eltern ihre Kinder bei den unterschiedlichen Darbietungen sehen wollten. Jede Gruppe musste etwas vorführen: einen Sketch, ein Schattenspiel oder einen Tanz. Nun kam auch das Theaterstück zur Aufführung, für das wir ein ganzes Jahr geprobt hatten. Natürlich zeigten wir auch die heiß erwarteten Dias aus unseren Lagern. Das war ein vierstündiges Programm und wurde von den Eltern und Verwandten dankbar angenommen und mit viel Beifall bedacht. Da wir eine katholische Jugendgruppe waren, wurde für die Älteren einmal im Monat ein sogenannter Christuskreis durchgeführt. Es ging um die entscheidenden Lebensfragen, um den Sinn des Lebens, um Gott und die Welt, um Ehe und Beruf, um christliche Lebensgestaltung. Diese Arbeit im BDKJ hat die Jugend sehr geprägt. Auch die monatliche Jugendmesse, die wir selbst gestalten durften, gehörte zu unserem selbstverständlichen Programm. So kommt es nicht von ungefähr, dass nicht nur überzeugte Christen aus unserer Jugendarbeit hervorgingen, sondern auch zwei Priester. Der eine ist heute Dechant in Köln und der andere Professor für Moraltheologie in Regensburg. Höhepunkte der

Jugendarbeit waren die jährlichen Mädchen- und Jungenlager. Für die Mädchen mieteten wir feste Häuser, während die Jungen meistens ein Zeltlager durchführten. Gerade diese Lager haben die Gemeinschaft untereinander sehr gefördert. Wir fuhren in den Schwarzwald, in die Eifel, ins Sauerland, in die Alpen und sogar in die Normandie nach Frankreich. Da wir immer unsere Köchinnen mitnahmen, konnten wir die Lager sehr preiswert halten.

Auch hier muss ich zwei Dönekes erzählen, die zeigen, dass es in unseren Lagern immer sehr lustig zuging. Wir waren nach Mellau in Vorarlberg/Österreich gefahren, mit einer etwas älteren Mädchengruppe (ab 14 Jahren) und einer Jungengruppe, die in zwei verschiedenen Häusern untergebracht waren. Eines Tages haben wir mit den Jungen ein Tagesgeländespiel durchgeführt. Ich war als Kaplan im Jungenlager, besuchte aber regelmäßig auch die Mädchen. Als das Geländespiel durchgeführt wurde, hatten ich und der Pfarrjugendführer frei. Es war an diesem Tag sehr heiß. Ich sagte zum Pfarrjugendführer: „Komm, wir gehen nach Bezau ins Freibad.“ Als wir am Zaun des Freibades vorbeikamen, hörten wir auf einmal die Stimmen unserer Mädchen. Sie waren halt auch schwimmen gegangen. „O Gott“, sagte ich, „das fehlt mir gerade noch.“ Es war damals nicht üblich, dass ein Kaplan mit den Mädchen schwimmen ging. Ich sagte zu meinem Begleiter: „Bernd, geh’ schon einmal rein und sag den Gnädigen, sie sollen nicht Kaplan, Kaplan, Kaplan, schreien. Dann schauen alle Leute auf mich. Das ist mir sehr peinlich.“ Er ging zu den Holden und teilte ihnen meinen Wunsch mit. Ich hörte nur ein schallendes Gelächter. Sie hatten es wohl begriffen. Als ich dann schließlich in Badehose erschien, ertönte wieder ein lautes Lachen. Schließlich fragte eine der jungen Damen: „Wie sollen wir Sie denn jetzt anreden?“ Da schrie eine andere: „Onkel Alfred.“ Wieder Gelächter-

ter. Seitdem wurde ich im Schwimmbad zum Erstaunen der Leute und dann auch während der ganzen Lagerzeit „Onkel Alfred“ genannt. Naja, damit konnte ich leben.
In demselben Lager ereignete sich auch folgender Fall. Ich war tagsüber mit den Jungen auf den Berg „Kanisfluh“ gestiegen, ca. vier Stunden aufwärts. Als ich am Abend zurückkam, wartete schon ein Mädchen auf mich im Jungenlager und meinte: „Wir haben beschlossen, mit Ihnen heute eine Nachtwanderung auf die Kanisfluh zu machen. Am Gipfelkreuz können wir oben beim Sonnenaufgang die hl. Messe feiern. Das wäre doch sehr schön.“ Ich war ziemlich müde und von dem Vorschlag nicht gerade begeistert. Aber die junge Dame ließ nicht locker und meinte: „Wir haben uns alle schon so darauf gefreut und uns den ganzen Tag geschont und gut ausgeruht. Auch die hl. Messe haben wir schon gut vorbereitet.“ Um nicht die Gunst der jungen Damen für immer zu verlieren, sagte ich schließlich: „Ja, aber unter einer Bedingung: Den schweren Rucksack mit den Messgeräten sollte ein kräftiger Junge tragen.“ Der war auch bald gefunden. Karl hieß der Auserkorene. Er strahlte über das ganze Gesicht, weil man ihn als Gepäckträger bei den Mädchen genommen hatte. Wir vereinbarten einen Treffpunkt. Um 22.00 Uhr startete die Nacht-Bergwanderung. Ich kannte zwar den Weg genau, aber in der Dunkelheit habe ich mich dann doch verlaufen. Statt den direkten Weg zum Gipfelkreuz zu gehen, kamen wir auf eine Alm. Das war ein Umweg, der uns eine Stunde kostete. Schließlich fing es schon an zu dämmern, und ich meinte: „Wir müssen uns beeilen, sonst ist die Sonne aufgegangen, bevor wir das Gipfelkreuz erreicht haben.“ Deshalb kürzte ich ab und ging ganz steil über die Wiese nach oben. Alle folgten mir. Der Gepäckträger Karl war geschafft. Er pfiff aus dem letzten Loch. Er hatte sich das mit all den netten Mädchen etwas leichter vorgestellt. Für einen Augenblick setz-

te er den Rucksack zu einer Verschnaufpause ab. O Gott, da war es geschehen. Der Rucksack mit dem Kelch und den Messsachen rutschte ab und kam in Bewegung. Über Stock und Stein rollte er munter den Berg hinunter. Es war eine Augenweide, ihm nachzuschauen, wenn das Ganze nur nicht so tragisch gewesen wäre. „Karl", sagte ich, „jetzt gehst du schnell hinunter und kommst mit dem Rucksack hoch. Wir gehen schon weiter zum Gipfelkreuz und warten auf dich." Gerade noch rechtzeitig erreichten wir die Spitze des Berges, dann erlebten wir einen wunderschönen Sonnenaufgang. Nun wollten wir als Höhepunkt der Nachtwanderung auf Gipfelhöhe die hl. Messe feiern zum Lobpreis des Schöpfers. Aber ohne Brot und Wein und Messkelch ging das nicht. Wir warteten auf Karl und den Rucksack. Wir warteten 30 Minuten, 40 Minuten, 50 Minuten, 60 Minuten. Wer nicht kam, war unser Karl. Ein bisschen sauer waren wir schon. Wie sehr hatten wir uns doch auf die hl. Messe gefreut. Ich meinte schließlich, auch etwas enttäuscht über so schlappe Manneskraft: „Der Karl kommt wohl nicht mehr. Wir halten ein schönes Morgengebet auf den Schöpfergott." Wir sangen einige moderne Lieder. Dann betete ich den Sonnengesang von Franz von Assisi vor. Auch ohne Messe war es eine erbauliche Besinnung. Dann nahmen wir unser Frühstück ein und traten fröhlich den Heimweg an. Wir waren uns alle einig, es war ein schönes Erlebnis in den Bergen, das wir nicht mehr vergessen werden.

Als ich dann gegen Mittag ins Jungenlager zurückkehrte und nach Karl und dem Rucksack fragte, lag er ganz erschöpft im Heu und schlief. Ich fragte ihn nach dem Rucksack mit dem wertvollen Inhalt. „Er hätte den Rucksack leider nicht gefunden," sagte er, „der sei wohl eben noch in den Bergen." Nun war ich einem kleinen Nervenzusammenbruch nahe. Karl schlief, und der Kelch, den ich aus einer Nachbargemeinde geliehen hatte, war verschwunden. Am nächsten Tag musste das ganze Jungenlager, immerhin 50 Jungen von 10 – 16 Jahren auf die Alm. Tagesprogramm: Kelchsuche. Es gab dort auch eine Almhütte, die bewirtschaftet war. Ich ging hinein und fragte ganz naiv: „Haben Sie einen Rucksack gefunden oder ist vielleicht ein Rucksack abgegeben worden?" Zu meinem großen Erstaunen sagte der Almwirt: „Ja, ich habe einen Rucksack gefunden. Was ist denn da drin?" Ich sagte zu ihm: „Ich bin Priester, da ist u. a. ein Kelch drin. Wir wollten in dieser Nacht am Gipfelkreuz eine hl. Messe feiern." Er händigte ihn mir aus. Ich schaute sofort nach dem Kelch. O Gott, wie sehr hatte er gelitten, total zerbeult und zerkratzt. Später habe ich den Kelch von einer Fachfirma wieder herrichten lassen. Das hat mich ein paar Hundert DM gekostet. Aber er war wieder wie neu. Im neuen Glanz gab ich den funkelnden Kelch dem Pastor wieder zurück, der fröhlich strahlte und meinte: „Wo war der denn kaputt?"

So gab es in den Lagern sehr viele Überraschungen. Zum Abschluss möchte ich noch von einer wunderschönen Jugendfahrt nach Frankreich berichten.

Ich war mit 25 Mädchen zwischen 16 und 25 Jahren nach Caen in die Normandie gefahren, drei Wochen für 250 DM. Weitere 250 DM bezahlte der Staat im Rahmen des deutsch-französischen Austausches. Es war eine sehr schöne Fahrt, auf der uns viel geboten wurde. Wir besuchten die gotischen Kathedralen in Rouen und Caen. Ein Ausflug führte uns zur Halbinsel Mont Saint Michel. Den Abschluss bildete eine Seine-Fahrt auf einem Ausflugsboot in Paris. Diese Fahrt hatten französische Pfadfinder organisiert. Da wir einen hohen Zuschuss vom Staat erhielten, mussten wir auch zahlreiche Begegnungen mit französischen Gruppen durchführen. 20 Kilometer südlich von Caen, der Hauptstadt der Normandie, hatten wir ein altes

Haus, das uns als Unterkunft diente. Von einer Madame, der Eigentümerin, wurden wir beköstigt. Zweimal führten wir mit der Dorfjugend einen bunten Abend durch mit Liedern, Tänzen und Sketchen. Einige Mädchen fungierten als Dolmetscher. Sie sprachen gut Französisch. Und so war die Kommunikation kein Problem. Ich hatte meine Mädchen, die von den französischen Jungen umschwärmt wurden, dann wieder nach Hause zu bringen. Das Unternehmen „Deutsch-französische Freundschaft", das uns ein Vater der Mädchen, hoher Ministerialbeamter, ermöglicht hatte, diente nach dem 2. Weltkrieg dem Aufbau besserer Beziehungen zwischen den beiden Völkern.

Auch hier muss ich wieder ein Döneke erzählen. Meine 25 Mädchen wollten natürlich bei schönem Wetter schwimmen gehen. Der Nordseestrand war 40 Kilometer entfernt. Madame hatte ein Auto mit sechs Plätzen, einen Caravan. Bei den 25 Mädchen musste ich viermal hin und her fahren; das war von 9.00 – 13.00 Uhr. Bei der Rückfahrt wieder vier Stunden von 16.00 – 20.00 Uhr.

Am Abend war ich geschafft und ich meinte: „Wir müssen eine andere Lösung finden." Statt sechs Personen lud ich zwölf Mädchen ein. Die Damen wurden regelrecht übereinandergestapelt. So brauchte ich nur zweimal zu fahren und ich hatte vier Stunden gespart. Beim dritten Mal fuhr ich wieder von der See durch die Stadt Caen zu unserer Herberge. Da stand ein Polizist, der den Verkehr am späten Nachmittag regelte. Er hielt mich an. Er staunte. Nein, so viele Mädchen in *einem* Auto. Ich gab ihm den Kraftfahrschein. Er zeigte auf die 6 und meinte, dass der Wagen nur für sechs Personen zugelassen sei. Er zählte 1, 2, 3 bis 12. Nein, unmöglich! Was aber machen? Der Polizist war ratlos. All die schönen Mädchen, die den Tränen schon nahe waren. Ich sagte: „Deutsch-französische-Freundschaft." „O, ja", meinte er, „Deutsch-französische-Freundschaft, bon", ich solle weiterfahren, aber ganz langsam. Es geht doch, sagte ich zu meinen Mädchen, und fuhr ganz langsam weiter und dann immer schneller, bis wir wieder die alte Fahrtgeschwindigkeit hatten. Als wir das nächste Mal wieder an die Nordsee wollten, meinte ich, nun kann ich nicht mehr durch Caen fahren, denn wenn die Polizei mich noch einmal erwischt, ist die „Deutsch-französische-Freundschaft" zu Ende. Wir mussten eine andere Lösung finden. Wir Deutschen wären nicht das Volk der Dichter und Denker, wenn wir nicht bald das Problem anders gelöst hätten. Ich fuhr nun bis zum Stadtrand. Dann gingen die Mädchen zu Fuß durch die Stadt. In der Zwischenzeit holte ich die anderen ab und fuhr sie zur Stadtgrenze. Dann fuhr ich leer durch die Stadt. Die eine Gruppe war mittlerweile zu Fuß durch die Stadt getigert und wartete schon am nördlichen Ende auf mich. Diese Gruppe fuhr ich dann zur See. Von der See wieder zurück zum Stadtrand. Die zweite Gruppe war mittlerweile auch schon zu Fuß durch die Stadt gegangen. Auch sie fuhr ich zur See. Uhrenvergleich: zwei Stunden für eine Strecke. Geht doch! Zwar ein bisschen illegal, aber mittlerweile ist alles verjährt. Wir hatten viel Spaß miteinander. Alle Mädchen haben sich prächtig entwickelt zu gestandenen Frauen. Wie ich neulich hörte, ist eine sogar Oberbürgermeisterin von Bonn geworden. Und wenn heute Deutschland und Frankreich das Herz Europas sind, dann sind wir stolz, damals den Grundstein dazu gelegt zu haben.

5.Volksschule

Die Arbeit im BDKJ auf Pfarrebene und Dekanats- und Stadtebene machte mir großen Spaß. Die Jugend war froh und dankbar, dass ein junger Kaplan sich um sie kümmerte und mit ihnen den Glauben lebte. Zu meinen Aufgaben in der Jugendarbeit gehörte aber auch der Schulunterricht. Tannenbusch hatte eine eigene Bekenntnisschule; es war die Paulusschule. Hier übernahm ich zunächst das 3. und 4. Schuljahr, zweizügig, insgesamt vier Klassen, die ich mit vier Stunden dienstags und freitags besuchte. Später unterrichtete ich auch in den Klassen 5 bis 8. Neben Katechismus- und Bibelunterricht erzählte ich den Kindern, wenn sie besonders brav waren, über das Leben der Heiligen, über die hl. Elisabeth oder den hl. Paulus; aber auch über moderne Heilige, über einen Pater Damian de Veuster, den Apostel der Aussätzigen. Verba docent, exempla trahunt (Worte belehren, Beispiele ziehen an). Es geht hier um die Vorbildsethik, die in der religiösen Erziehung eine große Rolle spielt. Mit der 8. Klasse führte ich dann regelmäßig Schulendtage durch, eine Woche lang in einer Jugendherberge. Das waren immer erlebnisreiche Tage. Die Kinder hatten auch jede

Im Kindergarten von Bonn-Tannenbusch

Woche ihre Schulmesse. Am Sonntag gab es bei fünf hl. Messen eine Kindermesse, in der alle Plätze (150) für die Kinder reserviert waren. Hier mussten die Erwachsenen stehen. Ganz selbstverständlich nahmen auch die Lehrer daran teil.
Man fragt sich natürlich immer schon einmal: „Hat dein ganzes Wirken überhaupt Erfolg?“ Manchmal war man selbst mit einer Unterrichtsstunde nicht so recht zufrieden. Dann erinnerte ich mich immer an die Worte unseres Katechetik-Professors: „Jede Stunde, in der Sie echt mit den Kindern gearbeitet haben, ist nicht vergebens.“
Dann aber hatte ich ein Erlebnis eigener Art. Vor ca. sechs Jahren rief mich ein Mann an und meinte, ob er mich einmal sprechen könnte. „Worum geht's?“, fragte ich. Ja, das wolle er mir später sagen, und ob er auch seine Frau und sein Kind mitbringen dürfte, am besten ginge es an einem Nachmittag. Ich lud ihn mit seiner kleinen Familie ein. Er kam, und ich war ganz überrascht. Er sagte zu mir: „Sie waren doch einmal Kaplan in Bonn-Tannenbusch?“ „Ja“, sagte ich, „das stimmt, von 1962 – 67.“ „Nun“, meinte er, „es ist eine lange Zeit vergangen. Ich habe immer nach Ihnen geforscht. Schließlich habe ich mich an das Generalvikariat gewandt, das mir mitteilte, dass Sie Pfarrer in Bonn-Buschdorf sind. Ich bin froh, dass ich Sie endlich gefunden habe. Sie werden erstaunt sein. Ich bin gekommen, um Ihnen zu danken. Ja, Sie hören richtig, ich verdanke Ihnen meinen Glauben. Das muss ich Ihnen einmal sagen. Sie haben einen guten Religionsunterricht gegeben. Ich war auch lange Ihr Messdiener. Zeitweise wollte ich Priester werden, zeitweise sogar in den Orden gehen.“ – Heute ist er Arzt und Theologe, der zahlreiche theologische Bücher geschrieben hat und auch im Fernsehen öfters zu sehen ist – Manfred Lütz.
Ja, ich war sprachlos, da kommt einer und sagt explizit: „Ich verdanke Ihnen meinen Glauben.“ „Manchmal“, so dachte ich,

„gibt Gott uns Priestern ein Zeichen, um uns deutlich zu machen: Keine Verkündigung, kein Einsatz ist umsonst."

6. Dekanatsjugendseelsorger

Die gute Jugendarbeit in Tannenbusch war bald in der ganzen Stadt bekannt. Und so kam es, dass man mich zum Dekanatsjugendseelsorger für die Mädchenjugend ernannte. Wir hatten damals in der Stadt noch über 20 Kapläne. So gab es einen Stadtjugendseelsorger für die männliche und einen Dekanatsjugendseelsorger für die weibliche Jugend. Ich war aber praktisch für die gesamte Mädchenjugend der Stadt Bonn verantwortlich. Gerne habe ich diese Aufgabe übernommen, zumal ich eine starke Jugend vor Ort im Rücken hatte. Ein Mal im Jahr wurde ein Stadtfrohschartag mit ca. 500 Mädchen aus allen Bonner Pfarreien durchgeführt. In der Klosterruine Heisterbach im Siebengebirge feierten wir zunächst die hl. Messe. Dann ging es zum Stenzelberg, wo die Pfarrgruppen in sportlichen Disziplinen oder Geschicklichkeitsspielen um die Wette kämpften. Am Spätnachmittag gab es dann die große Siegerehrung, bei der die begehrten Urkunden überreicht wurden. Den Abschluss bildete dann eine fröhliche Singerunde.
Zu meinen Aufgaben gehörte auch die jährliche Durchführung einer Führerinnenschulung. Bei den jungen Mädchen gab es eine große Bereitschaft mitzumachen und Verantwortung zu übernehmen. Wir vermittelten eine kleine Pädagogik, sprachen über die Aufsichtspflicht und über die Gestaltung von Gruppenstunden. Diese Führerschulungen wurden meist am Wochenende in einer Jugendherberge durchgeführt. Den Abschluss bildete eine Tischmesse, die frei gestaltet wurde. Der Wortgottesdienst bestand aus einer Schriftlesung mit anschließendem Gespräch.

Die Eucharistie feierten wir damals schon als Abendmahl unter beiden Gestalten. Das war für die damalige Zeit sehr fortschrittlich. Aber diese Form der Messgestaltung kam bei der Jugend gut an und eröffnete den jungen Menschen einen Zugang zur hl. Messe und zum Glauben. Höhepunkt in jedem Jahr war der Dreifaltigkeitssonntag. Hunderte von Jugendlichen zogen in das Bonner Münster mit ihren Bannern ein. Es war der Jugendbekenntnissonntag. Katholische Jugend bekennt sich zu Christus, dem Herrn. Ihm wollen wir folgen und dienen. Einmal musste ich als Dekanatsjugendseelsorger die Festpredigt halten.
In der Fastenzeit hielten wir Kapläne speziell für die Jugendlichen Fastenpredigten. Ich erinnere mich lebhaft daran. Einmal sprachen wir über das Gewissen. Es waren lange Predigten (30 Minuten), eingerahmt in Gebeten, Liedern und Schrifttexten. Auch ich hatte eine Predigt zu halten über das Thema: „Gewissen, angeboren oder anerzogen?“
In der Tat, es wurde auch in religiöser Hinsicht viel für die Jugendlichen getan, um ihnen den christlichen Glauben als einen sinnvollen Weg für das Leben zu erschließen.

B: Wuppertal-Elberfeld

1. Jugendseelsorger

Bevor jemand Pfarrer wird, sollte er wenigstens in zwei Gemeinden seine seelsorglichen Erfahrungen machen. So stand nach fünf Jahren nun ein Wechsel an. Ich wurde nach St. Marien in Wuppertal-Elberfeld versetzt, eine Gemeinde mit 7000 Katholiken. In der Tat, es war für meine pastoralen Erfahrungen eine Bereicherung und ein Gewinn. Auch hier übernahm ich die Jugendarbeit, die im BDKJ organisiert war. Hier fing ich keineswegs beim Punkte Null an. Mein Vorgänger, der mittlerweile Stadtjugendpfarrer von Düsseldorf geworden war, hatte gute Vorarbeit geleistet, die mir den Einstieg erleichterte. Da ich nunmehr auf eine Erfahrung in der Jugendseelsorge zurückschauen konnte, fanden wir sehr schnell zu einer guten Zusammenarbeit. Allerdings war hier alles eine Nummer kleiner. Es gab nur sechs Gruppen, drei Mädchen- und drei Jungengruppen. Zum ersten Mal führte ich ein gemischtes Sommerlager durch. Die Aufgaben des Dekanatsjugendseelsorgers für das Dekanat Wuppertal-Elberfeld wurden mir auch hier übertragen. Es war eine lebendige Jugendarbeit. Drei Jungen wollten dann auch Priester werden. Zwei traten bei den Redemptoristen in Bonn ein. Aber nur einer hielt durch und ist dort heute Pater. Er unterrichtet am Cojobo (Collegium Josephinum), das beste Privatgymnasium in Bonn, das von den Redemptoristen bis zum heutigen Tag geführt wird. Außerdem wollte ein junger Mann nach dem Abitur Priester werden. Nach einem Semester in Bonn im Albertinum spürte er aber, dass seine Berufung zum Dienst in der Kirche auf einem anderen Gebiet lag. Er studierte später Wirtschaftswissenschaften und ist heute in diesem Bereich ein guter Fachmann. Er ist aber auch ein überzeugter Christ geworden, mit dem ich immer noch in Kontakt stehe.

2. Krankenseelsorger

Mein Horizont erweiterte sich vor allem durch die Krankenseelsorge, die ich nun für die Gemeinde übernahm. Ich betreute zeitweise bis zu 40 Kranke, die ich regelmäßig monatlich besuchte. Ich spendete ihnen die hl. Kommunion und die Sakramente der Buße und der Krankensalbung. Nach den Gebeten nahm ich mir auch immer noch die Zeit, ein kleines Gespräch mit den Kranken zu führen, für das sie sehr dankbar waren. Das war Gottes- und Nächstenliebe zugleich, denn es war eine Grundauffassung meines Priestertums, dass Christentum auch immer etwas mit Menschlichkeit zu tun haben musste. Außerdem hatte ich ein Krankenhaus zu betreuen, das Rote-Kreuz-Krankenhaus. Es hatte fünf Stationen. Jeweils montags besuchte ich die Kranken und führte ein ermutigendes Gespräch mit ihnen. Das war nicht immer einfach. Vierbettzimmer waren das Normale. Wie das so ist, fängt man bei den Gesprächen mit dem Wetter an und landete schließlich beim lieben Jesus, der ja auch ein Herz für die Kranken hatte; denn schließlich sind die meisten seiner Wunder Krankenheilungen gewesen. Es war für mich wertvoll zu erfahren, wie offen doch kranke Menschen für Fragen nach Gott und den Sinn des Lebens sind. Endlich kommt der Mensch einmal zur Ruhe und zur Besinnung. Die Krankheit stellte bei manchen Patienten das ganze Leben infrage. Was trägt in der Krankheit unser Leben noch? Der Glaube kam nun wieder ins Blickfeld des Lebens. Ich erinnere mich an eine Frau, die einige Wochen nach meinem Besuch im Krankenhaus zu mir kam, um von mir wieder in die Kirche aufgenommen zu werden. Ich bin Gott dankbar, dass er mich auch manchmal die Früchte meiner Seelsorgearbeit erkennen ließ. Das gibt Mut und zeigt, dass man auf dem rechten Weg ist. Aber die Gespräche waren nicht immer so einfach, und ich wurde als lebende Kirche manchmal massiv angegriffen. Ich hatte selbst Angst vor einem Zimmer mit acht Männerpatienten. Ich denke, die machen dich fertig. Und so kam es auch. Ich hatte mich brav vorgestellt: Ich bin der Kaplan von St. Marien und möchte ihnen einen Besuch abstatten. Als sie hörten, dass ich von der Kirche kam, ließen sie ihren ganzen Frust über die Kirche an mir aus. Aber der Hl. Geist half mir. Ich sagte: „Es ist ja alles richtig, was sie über die Kirche gesagt haben. In der Tat, so zeigt die Kirchengeschichte, hat die Kirche auch versagt. Wo es Menschen gibt, da menschelt es, auch in der Kirche." Damit hatte ich bei den Herren der Schöpfung schon mal gepunktet. Endlich gab auch einmal einer die Schwächen der Kirche zu. „Aber", so meinte ich, „das ist etwas zu einseitig gesehen. Die Kirche hat auch viel für die Menschen getan und tut es heute noch, vor allem im sozialen Bereich. Wer hat sich denn um die Waisen, die Kranken, die Alten und die Behinderten gekümmert, als noch kein Staat diese Aufgaben übernommen hatte? Doch die Kirche! Und wie viel Brüder und Schwestern in den Ordensgemeinschaften arbeiten in den Entwicklungsländern, um den Menschen ein menschenwürdiges Dasein zu ermöglichen?" Es wurde ruhig, sehr ruhig. In der Tat, man lauschte meinen Worten. Und ich dachte, nun ist der richtige Augenblick zu gehen. Und so habe ich mich denn auch verabschiedet. Und als Hausaufgabe gebe ich Ihnen auf: „Denken Sie auch einmal über die Lichtseiten der Kirche nach."

3. Schulseelsorger

In meiner zweiten Kaplanszeit wurde ich auch mit allen Schulformen konfrontiert. Ich gab Unterricht in der Hauptschule, im Gymnasium, in der Sonderschule und in der Berufsschule. Im Grunde genommen ging ich jeden Tag morgens in die Schule. Das war teilweise sehr schön, teilweise auch sehr anstrengend. Die Kinder und Jugendlichen waren manchmal völlig uninteressiert und disziplinlos. Religion war für sie ein Fach, das ohnehin nicht wichtig war. Hier konnte man einmal richtig die Sau herauslassen. Es war halt nervenaufreibend, wenn man nicht nur den Glauben in seiner Schönheit und Werthaftigkeit für das Leben darlegen konnte, sondern ständig die teilweise Anfeindung gegen Glaube und Kirche abwehren musste. Die Erfahrungen waren also sehr unterschiedlich. Dennoch konnte ich hier in Wuppertal auch im schulischen Bereich meine Erfahrungen in den verschiedenen Schultypen machen; im Letzten dann doch eine Bereicherung.

4. Bibelabende

Nun, ein letztes Kapitel muss ich anschneiden. Zum ersten Mal machte ich auch meine Erfahrungen in der Erwachsenenseelsorge. Ich nahm teil an den Sitzungen des Kirchenvorstandes und des Pfarrgemeinderates. Dadurch erhielt ich einen Einblick in das ganze Leben der Gemeinde. Für die Erwachsenen führte ich monatlich Bibelabende durch, die mein Vorgänger eingeführt hatte. Dadurch war ich zur Weiterbildung verpflichtet. Gute Anregungen erhielt ich damals von einem Gymnasiallehrer, der für das ganze Dekanat Bibelabende abhielt. Es war ein großer Umbruch in der Exegese. Es kam die historisch-kritische Methode auf. Wir begriffen, dass die Erzählungen der Schrift keine wörtlichen Aussagen Jesu sind, sondern Predigten der Apostel und Jünger, die im Geiste Jesu die Schrifttexte verfasst haben. Es sind also keine historischen Fotografien, sondern Gemälde, die die Charakterzüge Jesu zur Darstellung bringen. Außerdem machte uns die Formgeschichte darauf aufmerksam, dass es zahlreiche literarische Formen (Gebete, Hymnen, Erzählungen, Gleichnisse) in der Schrift gibt. Jedenfalls waren diese Bibelabende Höhepunkte in meiner Kaplanzeit in Wuppertal.

5. Ökumene

Und es gab noch eine neue Erfahrung in Wuppertal. Das war die Ökumene. Man muss wissen, dass Wuppertal zu 80 % evangelisch ist und zu 20 % nur katholisch. Wuppertal wird auch die Stadt der Sekten genannt. So war eine Auseinandersetzung mit den Protestanten vor Ort unumgänglich, zumal durch das Konzil sich hier eine große Öffnung auftat. In der Glaubenswoche im Januar hielten wir ökumenische Wortgottesdienste ab, die einen enormen Zulauf hatten. Es gab ökumenische Trauungen mit zwei Pastoren. Man ging menschlich miteinander um, obwohl man Jahrhunderte zuvor nur im Streit gelebt hatte. Ich stand dieser Bewegung positiv gegenüber. In der evangelischen Nachbargemeinde fand ich einen ebenso offenen Pfarrer. Und so kam es zu einer guten christlichen Zusammenarbeit. Ein Höhepunkt war, als mich der evangelische Pfarrer am Reformationstag, einem hohen Festtag der Protestanten, die Festpredigt halten ließ. Ich benutzte diese Gelegenheit, um Gott unsere Dankbarkeit zum Ausdruck zu bringen, dass wir nun auf dem Wege der Wiedervereinigung sind, um das Hohepriesterliche Gebet des Herrn zu verwirklichen: „Dass alle eins seien." Hier wuchs in der Praxis meine tolerante Haltung gegenüber allen Religionen und Konfessionen. Ich bin überzeugter Christ. Ich bin der Meinung, dass wir mit dem Gottesbild (Dreifaltiger Gott der Liebe), mit dem Menschenbild (Ebenbild Gottes, Brüder und Schwestern Christi) und mit dem Zukunftsbild (Auferstehung) die Fülle der Wahrheit haben. Ebenso bin ich der Überzeugung, dass die katholische Kirche die wahre Kirche Christi ist, die in ihrer Gestalt auf den Willen Christi zurückgeht. Dennoch bin ich so tolerant, dass ich keinen verurteile, der in einer anderen Religion oder Konfession aufwächst. Ja, ich bin davon überzeugt, dass jeder, der nach den Vorstellungen seiner Religion lebt und dem Gewissen folgt und das Gute tut, das ewige Leben erlangen wird. Deshalb kann ich ohne Not und gelassen meine Aufgabe als Priester tun. Sicher, ich sehe meine Aufgabe darin, die Menschen von der Teilwahrheit in die volle Wahrheit Jesu Christi zu führen, aber nur durch Wort und Zeugnis. Jegliche Gewalt in religiöser Hinsicht lehne ich radikal ab. Gott will, dass die Menschen in Freiheit ihm dienen. Aller Zwang würde dieser Intention Gottes widersprechen. Das ist das Fundament aller ökumenischen Gespräche. Toleranz ist eine Form der Nächstenliebe.

C: Bensberg-Refrath

Mein Bruder Heribert, der Erstgeborene, verbrachte seine 10-jährige Kaplanszeit in Bensberg. Zunächst nahm er eine Vertretung in der Hauptpfarrei St. Nikolaus in Bensberg wahr. Dann wurde er nach St. Johann Baptist in Bensberg-Refrath versetzt. Die Aufgaben eines Kaplans waren vorprogrammiert. Er hatte sich um die Jugend zu kümmern. Da mein Bruder auch im ND Fähnleinführer war, brachte er für die Verbandsarbeit gute Voraussetzungen mit. Im Gegensatz zu mir fand er dort eine gut organisierte Jugendarbeit vor, in die er nur noch einsteigen musste. Es gab hier vier Gliedgruppen des BDKJ; die weibliche und männliche Pfarrjugend und die Pfadfinderinnen und Pfadfinder St. Georg. Vor allem hatte er großartige Führerinnen und Führer, die bei der Jugendarbeit nicht nur um eine sinnvolle Freizeitbeschäftigung bemüht waren, sondern Kindern und Jugendlichen den Glauben vorbildlich vorlebten. Das war ja eigentlich das letzte Ziel, auf das es bei der Jugendarbeit ankam, nämlich junge Leute zu frohen, verantwortungsbewussten

Menschen zu erziehen. Höhepunkt waren immer die Sommer- und Winterlager, die von den Leiterinnen und Leitern durchgeführt wurden. Bei einer so lebendigen Jugendarbeit wurde man auch in Köln auf ihn aufmerksam und ernannte ihn zum Dekanatsjugendseelsorger der Frauenjugend. Dieses Amt bekleidete ich auch in Bonn. Man höre und staune, beide Dekanatsseelsorger für die Frauenjugend, nur an verschiedenen Orten. Wie Sie sehen, hatten wir beide ein Charisma für die Frauenjugend. Sicher war für meinen Bruder die organisierte Jugendarbeit vom BDKJ das Rückgrat der Jugendseelsorge. Darüber hinaus kam natürlich auch noch der Sakramentenunterricht hinzu. Mit dem Herrn Pastor bereitete er die Kinder auf die hl. Sakramente der Buße, der Kommunion und der Firmung vor. Auch die Ministranten unterstanden ihm, eine Aufgabe, die er sehr gerne tat, da er selbst zwölf Jahre Messdiener gewesen ist. Eine beträchtliche Zeit nahm auch der Religionsunterricht in der Grund-, Haupt- und Realschule ein. Wie bei mir in Bonn so war auch seine Zeit in Bensberg ganz von der Jugendseelsorge bestimmt. Wir haben diese Arbeit beide mit großer Begeisterung und Liebe getan. Auch sind wir überzeugt, dass diese Arbeit ihre Frucht getragen hat. Viele junge Menschen haben in der Nachfolge Christi einen sinnvollen, frohen und lebensbejahenden Weg gefunden.

5. KAPITEL: PASTORENZEIT

A: Asbach

Während der zehnjährigen Kaplanszeit legten wir beide das Pfarrexamen ab und hielten Ausschau nach einer Pfarrstelle, wo wir nun selbstständig nach unseren eigenen Vorstellungen schalten und walten konnten.
Mein Bruder Heribert, der Erstgeborene, fand dann auch bald eine Stelle in Asbach / Westerwald, da durch den Rücktritt des erkrankten Pfarrers die Stelle frei geworden war. Er war wie ich 36 Jahre alt – bei Zwillingen ist das so üblich – und übernahm damit eine große Verantwortung.
Aber sein Amtsantritt war von besonderen Umständen begleitet, ein Döneke, über das wir heute noch lachen. Bei dem festlichen Einführungsgottesdienst am 1. Oktober 1972 in St. Laurentius war ich natürlich mit dabei, auch unsere Mutter. Nach dem Gottesdienst ging ich mit meiner Mutter schon einmal in den großen Saal einer Gaststätte, wo eine Feierstunde stattfinden sollte. Mein Bruder Heribert, der neue Pfarrer, war noch nicht da. Ich sagte zu meiner Mutter: „Gehen wir schon einmal nach vorne und setzen uns." Als wir nach vorne schritten, wurden wir von tosendem Applaus begleitet. Als ich vorne ankam, vermisste ich meinen Bruder, den neuen Pfarrer. Ja, wo ist er denn? Ich wusste es nicht! Es wurde ruhig im Saal, und ich spürte, dass ich der versammelten Pfarrgemeinde eine Erklärung schuldig war. Unter großem Beifall ging ich an's Mikrofon und sagte: „Liebe Gemeinde von St.Laurentius, ich bin nicht, der ich bin, ich bin der andere." Betretenes Schweigen. Viel-

Pfarrkirche St. Laurentius in Asbach/Westerwald

leicht dachten viele: Oh Gott, was haben wir denn da bekommen? Der ist ja jetzt schon durcheinander. Zum Glück kam dann der wirkliche Pfarrer, mein Bruder Heribert, in den Saal und löste das Rätsel. Er ging an das Mikrofon und sagte: „Ich bin der wahre Pfarrer von Asbach. Der andere ist nur mein zweitgeborener Zwillingsbruder. Man hat mich und den Kirchenvorstand eingesperrt, sodass ich etwas zu spät komme. Man möge das doch bitte entschuldigen!“ Ein sichtbares und hörbares Aufatmen ging durch die Reihen. Was war geschehen? Es war damals üblich, dass nach dem Einführungsgottesdienst durch den Herrn Dechanten auch der Kirchenvorstand das Amt bestätigte. So hatte man sich nach dem Einführungsgottesdienst noch in den Pfarrsaal zurückgezogen, der oberhalb der Sakristei lag. Im Eifer hatte der Küster nach seiner Arbeit die Kirche und den Pfarrsaal abgeschlossen, und uns als „Gefangene“ zurückgelassen. Nun mussten wir geduldig warten, bis wir befreit wurden. Als mein Bruder diese Panne mit dem nötigen Humor erzählte, mussten alle laut lachen. So kam fröhliche Stimmung auf, die bis zum späten Abend anhielt. Und alle dachten: Was wird aus unserem neuen Pastor noch werden, denn der Geist des Humors lag über ihm.

Bald aber begann nach dem Feiern die Arbeit und zum 150. Mal begann der Ernst der Lebens.

Mit der Arbeit kam viel Neuland auf ihn zu. Dazu gehörte die große Vermögensverwaltung. Die Kirchengemeinde besaß sechs Gotteshäuser – Pfarrkirche, Pfarrrektoratskirche, Wallfahrtskirche und drei Kapellen. – Zu verwalten waren zwei Friedhöfe, zwei Pfarrheime, mehrere kirchliche Gebäude und ein Kindergarten. Zur Kirchengemeinde gehörten mehrere Ländereien, die verpachtet wurden, und kirchlicher Wald, alles von frommen Leuten im Laufe der über 800-jährigen Geschichte gestiftet worden. Eingestellt werden musste Personal, so

Erzieherinnen für den Kindergarten sowie Küster, Organisten, Chorleiter, Hausmeister, Friedhofsverwalter für den kirchlichen Dienst. Ein erfahrener Rendant und der Kirchenvorstand standen ihm unterstützend zur Seite.

Neu waren auch die zahlreichen Vereine, in denen sich das Freizeitleben abspielte. Zu den kirchlichen Vereinen zählten die Katholische Frauengemeinschaft, der St. Laurentius Männerverein, die St. Matthias-Bruderschaft, die Katholische Landvolksbewegung, der Kirchenchor St. Laurentius und später die St. Hubertus-Schützen-Bruderschaft. Es gab aber noch mehr weltliche Vereine, mit denen er gute Zusammenarbeit pflegte, wie Sportvereine, Musikvereine, Karnevalsvereine.

Bei der Jugendarbeit half ihm eine Gemeindereferentin, später ein Pastoralreferent und ein Diakon. Sein Schwerpunkt in der Jugendarbeit waren die Messdiener und die Schuljugend.

Pfarrer Heribert Hausen mit seinen Kommunionkindern 1982

Zum ersten Mal wurde in Asbach die Sakramentenvorbereitung in der Form der Gemeindekatechese durchgeführt, die stärker die Eltern in die Vorbereitungen einbezog. Das war eine Neuerung, die auf heftigen Protest und Widerstand stieß.
Erfreulich entfaltete sich auch die ökumenische Zusammenarbeit am Ort. Einmal im Jahr fand eine ökumenische Woche statt, in der kontroverse Themen besprochen wurden. Diese Woche schloss mit einem Gottesdienst ab, zu dem mein Bruder häufig einen auswärtigen Prediger heranholte.
Zum ersten Mal wurden auch die Sternsinger eingeführt, die Spenden einsammelten für die Mission; natürlich gab es da auch für die Kinder reichlich Süssigkeiten.
Eine besondere Begebenheit war das Verschwinden der „Germscheider Madonna" aus der kleinen Kapelle des Asbacher Ortsteils Germscheid. Kaum war er als Pfarrer eingeführt, erfuhr er von dem Diebstahl der Madonna. Sie war ein wertvolles Kunstwerk aus dem Mittelalter und in manchen Kunstbüchern abgebildet und beschrieben. Das war nun schon das dritte Mal, dass diese Marienstatue gestohlen wurde. Bisher war sie immer zurückgekommen. Die erste Strafanzeige bei der Polizei war fällig; aber leider erfolglos. Das kostbare Kunstwerk tauchte nicht mehr auf. Nach 27 Jahren meldete sich ein Kunsthistoriker aus dem Bistum Münster und wollte diese Statue besichtigen. Mein Bruder musste ihm leider mitteilen, dass sie gestohlen worden war. Einige Monate später rief er meinen Bruder wieder an und teilte ihm mit: Die Madonna ist wieder da. Ich habe sie in einem Prospekt eines Kunsthändlers entdeckt. Nun konnte man der Sache auf die Spur kommen. Und siehe da, eine Stunde später rief bei meinem Bruder ein Kaplan an und sagte: „Ich habe sie." Großes Erstaunen bei ihm; wie war sie in seine Hände gekommen? Der Kaplan erzählte ihm, dass er sie testamentarisch vererbt bekommen habe, ohne zu ahnen, dass

dieses kostbare Werk, die „Germscheider Madonna“ war. Er brachte sie persönlich vor Weihnachten 1999 nach Asbach zurück. Als die Germscheider das erfuhren, waren sie überglücklich und sprachen von einem Wunder. Nicht auszuschließen, dass die „Muttergottes“ nicht in einem nüchternem Museum landen wollte, sondern in einer lebendigen Gemeinde, wo noch regelmäßig der Rosenkranz gebetet wird. Für viel Geld wurde die Madonna erneuert und ist nun in der Pfarrkirche im Seitenschiff zur Verehrung aufgestellt.
Höhepunkte in seiner Gemeinde waren das 25. und 50. Jubiläum der dritten Pfarrkirche am Ort, die 800-Jahr-Feier der Pfarrgemeinde St.Laurentius, eine Gemeindemission und vier geistliche Berufungen, die gebührend gefeiert wurden: Diakonatsweihe von Diakon mit Zivilberuf, Herrn Wilfried Rankenhohn und drei Priesterweihen mit Primiz von Herrn Hans Hubert Klein, welcher der „Integrierten Gemeinde“ angehört, von Herrn Hans Josef Lahr und von Herrn Rene Stockhausen, beide Diözesanpriester.

Kardinal Meisner mit Dechant Heribert Hausen bei einer Festveranstaltung

Klein angefangen als Pfarrer der größten Gemeinde im Asbacher Land wurde er ein Jahr später stellvertretender Dechant (Definitor); fünf Jahre später wurde er Dechant des Dekanates Eitorf, ein Amt, das er 24 Jahre ausgeübt hat. So blieb es nicht aus, dass er zum Ehrendechanten und Monsignore ernannt wurde.
Immer noch nicht amtsmüde, wuchsen ihm in den letzten Jahren die Kirchengemeinden Oberlahr und Ehrenstein zu und durch die Neustrukturierung der Seelsorgebereiche auch zusätzlich Buchholz und Windhagen, sodass er nunmehr leitender Pfarrer von sechs Gemeinden wurde. Pfarrrektor von Limbach war er bereits 1979 geworden.
Wenn er alle diese seelsorglichen und verwaltungsmäßigen Aufgaben anführt, möchte er all denen danken, die diese Arbeit mit viel Eifer ehrenamtlich, nebenamtlich und hauptamtlich mitgetragen haben. Er denkt aber auch gerne an den Anfang seiner Berufung zurück, wo er diesen priesterlichen Weg gewagt hat mit viel Gottvertrauen und großer Zuversicht, weil bei Gott kein Ding unmöglich ist; sein Dank gilt besonders der Gnade Gottes.

B: Buschdorf

1. Gemeinde

Nach zehn Jahren endete für die Zwillinge die Kaplanszeit (Gesellenzeit). Beide legten ihr Pfarrexamen (Meisterprüfung) ab und hielten nun Ausschau nach einer geeigneten Pfarrstelle: Die Erzdiözese Köln hatte im Jahr 1972 820 Pfarreien. Immer wieder wurde eine Stelle frei durch den Tod eines Pfarrers. Man bewarb sich dann um eine frei gewordene Gemeinde, die im Amtsblatt ausgeschrieben wurde. Mit Vitamin B (Beziehungen) und etwas „Kölschem Klüngel“ war es dann endlich soweit. Zum ersten und einzigen Mal war der Zweitgeborene (Alfred) seinem Zwillingsbruder, dem Erstgeborenen (Heribert) eine Nasenlänge voraus. Ich wurde bereits im September in St. Aegidius in Bonn-Buschdorf in meine neue Pfarrei eingeführt, während mein Bruder erst im Oktober Pfarrer von Asbach im Westerwald wurde, wie bereits geschildert. Buschdorf war über viele Jahre eine kleine Dorfgemeinde. Als Bonn dann Bundeshauptstadt und Buschdorf in Bonn eingemeindet wurde, stieg die Einwohnerzahl schnell auf 5000. Davon waren 2600 katholisch. Die kleine Gemeinde mit dem kleinen Dorfkirchlein platzte aus allen Nähten. Die Zahl der Bauern ging zurück und die Zahl der Beamten stieg, die sich hier ein Eigenheim bauten. Damit verlor das Dorf seinen Charakter. 1972 gab es nur noch zwei Betriebe, der eine züchtete Rosen, und der andere unterhielt eine große Apfelplantage. Buschdorf war zu einer Vorstadt von Bonn geworden und auch verkehrsmäßig gut an Bonn angebunden. Mit 36 Jahren wurde ich nun Pfarrer von Bonn-Buschdorf. Große Erwartungen richteten sich an den neuen Pfarrer. Als ich bei einem kurzen Besuch in Buschdorf mit einer Bauersfrau sprach, meinte sie: „Sind Sie der neue Pfarrer?“ „Ja“, sagte ich, „und ich freue mich schon auf die neue Aufgabe.“ „Nun“, meinte sie, „da bekommen wir ja zum ersten Mal einen sehr jungen Pfarrer. Bisher hatten wir nur „ahl Heere (alte Herren).“ Naja, das war ja schon einmal ein freundlicher Empfang und ein netter Willkommensgruß. Mittlerweile bin ich nun 37 Jahre Pfarrer dieser Gemeinde. Es würde natürlich zu weit führen, wenn ich in allen Einzelheiten meine Erlebnisse in der Gemeinde schildern würde. Ich will mich auf einige persönliche Erlebnisse beschränken, die mein neues Dasein als selbständiger Chef geprägt und erfüllt haben. Zwei große Aufgaben standen klar vor mir. Es ging einmal um den Bau einer neuen Kirche mit Pfarrzentrum und zum andern um den Aufbau einer lebendigen Seelsorge. Vor allem lag mir als Priester die Seelsorge am Herzen. Deshalb war ich ja Pastor (Hirte der Gemeinde) geworden. Außerdem möchte ich darauf hinweisen, dass ich schon zwei Zeitschriften veröffentlich habe: Einen Kirchenführer zum 10-jährigen Bestehen (1990) des neuen Pfarrzentrums und eine Festschrift zum 25-jährigen Kirchenjubiläum (2005). So kann ich mir Einzelheiten ersparen.

2. Bauherr

a) Aegidienkapelle

Im Jahre 1972, als ich nach Buschdorf kam, gab es hier nur eine kleine Dorfkirche. Diese Kirche war 1869 errichtet worden. Hier begann ich nun mit meiner Arbeit. Die Kapelle fasste maximal 100 Gläubige. Ich hielt mit meinen Mitbrüdern an jedem Wochenende vier heilige Messen, am Vorabend um 18.30 Uhr und am Sonntag um 8.30 Uhr, 9.30 Uhr und 10.30 Uhr. Die Luft in der Kirche war in der letzten Messe so schlecht, dass regelmäßig einer zusammenbrach und dann mit viel Energie wieder zum Leben erweckt werden musste. Einmal ist mir bei einer Schulmesse am Aschermittwoch eine Frau zusammengefallen. Die Schulklassen waren schockiert. Ich erteilte sofort den Segen und entließ die Kinder. Der herbeigerufene Arzt konnte nur noch den Tod der Frau feststellen. Es war eine fromme Dame, ca. 70 Jahre alt. Vielleicht war das auch ihr letzter Wunsch und ihre letzte Bitte: von der Kirche sofort in den Himmel. Vielleicht hatte aber auch meine Predigt von der Vergäng-

Fassade der Aegidienkapelle

lichkeit und dem Tod und vom wunderbaren Weiterleben der Seele bei Gott im Himmel in ewiger Freude dazu beigetragen. Die Kapelle wurde dann 1978 renoviert und ist auch heute noch in einem guten Zustand erhalten. Sie wird von der Gemeinde für kleinere Feiern (Hochzeiten und Jubiläen) gerne genutzt. Auch die evangelische Gemeinde aus Buschdorf / Hersel, die hier kein eigenes Gotteshaus hat, feiert hier ihre Gottesdienste an den Wochenenden.

b) Notkirche

Von Jahr zu Jahr wurde allen deutlich: Wir brauchen unbedingt schnell eine neue Kirche und, was auch sehr wichtig war, Räume für die Seelsorge. Wir hatten wohl einen kleinen Raum, eine Bücherei, die aber nur 20 Personen fasste. Der Bau der neuen Kirche und des neuen Pfarrzentrums zögerte sich hinaus. Es kamen große Schwierigkeiten auf, mit denen ich als junger Pfarrer nicht gerechnet hatte. Bei solch einem Kunstbau wollten zu viele mitreden: die Stadt Bonn, das Generalvikariat

Die erste Notkirche

in Köln, die Ortsgemeinde in Buschdorf und der Pfarrer. So konnte es nicht weitergehen. Ich fuhr deshalb zum Generalvikariat nach Köln und verlangte ab sofort eine Notkirche (Baracke), sonst würde ich Buschdorf verlassen. In der Tat, die Notkirche mit einem großen Saal und zwei kleineren Gruppenräumen wurde sofort genehmigt, und wir konnten sie bereits 1974 einweihen. Nun hatten wir Raum genug für die nächsten Jahre, und die Seelsorge konnte sich entfalten.

c) Pfarrkirche

Das große Ziel aber war die neue Kirche mit dem Pfarrzentrum. Das durften wir nicht aus den Augen verlieren.

Aber hier traten große Probleme und Schwierigkeiten auf. Mein Vorgänger, Pfarrer Rucker, hatte mit den Planungen begonnen. Zwei Architekten hatte er bereits verabschiedet, der dritte Architekt kam mit seinen Plänen bei der Gemeinde nicht an. In dieser Streitsituation kam ich als junger Pfarrer in die Gemeinde. Mittlerweile waren zwölf Jahre vergangen. Man war keinen Schritt weitergekommen. Ich habe dann den zu dieser Zeit planenden Architekten entlassen, weil ich schon nach einigen Wochen merkte, dass hier ein Weiterkommen nicht möglich war. Wir wollten noch einmal ganz neu anfangen. Ich bildete einen kleinen Bauausschuss aus Pfarrgemeinderat und Kirchenvorstand. Schnell hatten wir uns auf einen neuen Architekten aus Freiburg i. Br. geeinigt, der dort eine wunderschöne moderne Kirche gebaut hatte. Innerhalb von wenigen Monaten hatte er ein Projekt für Buschdorf entworfen. Die ganze Gemeinde war begeistert, nicht aber die hochwürdige, erzbischöfliche Baubehörde. Ob es Rache war – immerhin hatten wir einen in Köln beliebten Architekten abserviert, oder „Kölsche Klüngel" – oder Sachverstand, ich weiß es nicht, Gott weiß es – ich will es kurz machen, man ließ den neuen Architekten zweimal mit seinem Projekt durchfallen. Und so standen wir 1974 wieder an einem neuen Anfang. Wir führten nun einen beschränkten Architektenbewerb durch, den Prof. Krahn aus Frankfurt/M. gewann. Und so konnte das Projekt seinen Lauf nehmen. Denkste! Da stand ja noch der alte Klosterhof. O Gott, wie sehr ich diesen alten Bau verwünscht habe. Und dennoch stellt er heute eines meiner schönsten Dönekes dar, die ich erlebt habe und immer gerne und mit der nötigen Freude stolz erzähle.

Der Klosterhof war also mein Albtraum. Es war den fünf Architekten, die am Wettbewerb teilnahmen, zur Auflage gemacht worden, den Klosterhof so weit wie möglich zu erhalten und in die Planung zu integrieren. Der Klosterhof war ein altfränkischer Hof, der aber total zerfallen war. Im Mauerwerk war bereits der Schimmel. Man nannte diesen normalen Bauernhof mit vielen Ländereien Klosterhof, weil die Zisterzienserinnen von Grau-Rheindorf Eigentümer dieses Anwesens waren. Der größte Teil der Buschdorfer Bevölkerung war für die Beseitigung dieser Ruine. Wie bereits erwähnt, gewann Prof. Krahn den Architektenwettbewerb, und die Planung ging zügig voran. Er hatte bei seiner Planung die Erhaltung des Klosterhofes nicht vorgesehen, was auf große Zustimmung in der Gemeinde stieß. Wir standen kurz vor der Baugenehmigung, als wir schon einmal den Abriss des Klosterhofes bei der Stadt Bonn beantragten. Die Genehmigung kam prompt zu unserm großen Erstaunen. Nun musste aber auch die Abrissgenehmigung vom Erzbistum Köln eingeholt werden. Wieder blockierte die von Laien geführte Baubehörde des Kölner Generalvikariates. Man teilte dem Architekten Krahn mit, dass er mit der Planung noch einmal beginnen müsse, weil er ja die Erhaltung des Klosterhofes nicht berücksichtigt habe. In seiner Not rief mich Herr Krahn an und gab mir die Hiobsbotschaft bekannt. Das war in meinen Augen der Intrige zu viel.

Nach 18 Jahren Vorbereitungszeit sollten wir nun noch einmal anfangen? Ich tröstete den Architekten Johannes Krahn, er war der Sohn des mittlerweile verstorbenen Prof. Krahn, mit den Worten: „Ich habe einen heißen Draht in Köln. Er wird mir helfen." Es war mein ehemaliger Direktor im Albertinum, der mittlerweile stellvertretender Generalvikar in Köln geworden war. Er kam sofort nach Buschdorf, sah sich die Ruine an und meinte: „Da ist ja wirklich nicht mehr viel zu retten." Aber die Baubehörde in Köln war auch nicht untätig und hatte die Denkmalbehörde veranlasst, ein Schreiben an das Generalvikariat zu richten mit der eindeutigen Mahnung, den Klosterhof unbedingt zu erhalten. Als ich dann eine Woche später meinen „heißen Draht" anrief, meinte er: „Ich kann Ihnen leider nicht helfen. Hier liegt ein eindeutiger Brief von der Denkmalbehörde vor. Dagegen komme ich nicht an." Ich fragte verzweifelt: „Was soll ich denn machen?" Er gab mir zur Antwort: „Ich fahre morgen in die Ferien. Machen Sie, was Sie wollen." Ich war bitter enttäuscht. Schon wieder einmal war das Bauprojekt durch die Baubehörde gescheitert. In dieser trostlosen Situation kam mir der Hl. Geist zur Hilfe. Er gab mir einen Wink: „Machen Sie, was Sie wollen!" Nach einer kurzen Exegese dieses Satzes war mir klar: Ich kann also machen, was ich will. In solchen Fällen ist es gut, wenn man einen Zwillingsbruder hat, mit dem man sich beraten konnte. Er riet mir auch, den Klosterhof abreißen zu lassen. Und so geschah es. Die Firma Schöps wurde beauftragt. Ich legte die Abrissgenehmigung der Stadt Bonn bei. Innerhalb von drei Tagen war von dem Klosterhof nichts mehr zu sehen. Es war eine wunderschöne glatte Fläche. Ich hatte Not, dass Köln Wind von der Sache bekommen würde. Aber die schliefen zu meiner Beruhigung gut. Lediglich eine Frau aus dem Pfarrgemeinderat rief mich freudestrahlend an und meinte: „Endlich, es geht los!" Ich antwortete ihr trocken: „Es wird ja nun nach 18 Jahren auch Zeit." – Egal, was auch kommen mag, der Klotz, mein Albtraum, war fort, und er konnte auch nicht mehr aufgerichtet werden. Einige Tage später rief Architekt Krahn an und fragte: „Was macht Ihr heißer Draht? Was macht der Klosterhof?“ Ich sagte zu ihm: „Ich weiß gar nicht, wovon Sie sprechen? Ein Klosterhof hat hier nie gestanden.“

Die Sache aber hatte noch ein Nachspiel. Wir reichten nun die Unterlagen für die Baugenehmigung in Köln ein. Da erst erfuhr die Baubehörde, dass der Klosterhof trotz Mahnung der Denkmalbehörde nicht mehr vorhanden war. Das brachte die erzbischöfliche Baubehörde in Rage. Man konnte einfach nicht begreifen, dass man ohne Genehmigung den Klosterhof hatte abreißen lassen. Man verlangte von mir einen Auszug aus dem Protokollbuch des Kirchenvorstandes. Einen solchen Kirchenvorstandsbeschluss gab es nicht. Unerhört, was da in dem kleinen Buschdorf geschah. Also wurden alle KV-Mitglieder nach Köln eingeladen samt Architekten und Pfarrer, um meine „Heldentat“ zu rechtfertigen. Zunächst aber musste ich meinem Kirchenvorstand beichten, dass ich auf eigene Faust den Klosterhof abreißen ließ. Die fielen aus allen Wolken. Das hätten sie von dem sonst so frommen Pastor nicht gedacht. „Es bleibt uns aber nichts übrig“, so sagte ich, „wir müssen zur Baubehörde nach Köln.“ Vorher aber gab ich noch die Devise heraus: „Behalten Sie die Nerven und lassen Sie sich nicht provozieren. Wir fuhren nach Canossa (Köln). Wir saßen noch nicht richtig auf den Stühlen, da fing der zuständige Baurat schon an zu toben: „Es ist eine Unverschämtheit, was Sie sich da geleistet haben. Wissen Sie nicht, dass Sie mit Ihrem Vermögen dafür haften müssen?“ „Moment mal“, sagte ich, „die Herren hier sind völlig unschuldig (das war sogar die Wahrheit), dies alles habe ich allein zu verantworten. Als wieder einmal Kinder in dem alten Gebäude spielten, ist ein Balken heruntergestürzt

Buschdorf war früher ein kleines Bauerndorf mit 250 Einwohnern. Heute leben in Buschdorf ca. 5.000 Menschen. Deshalb war der Neubau einer Pfarrkirche mit Pfarrzentrum notwendig.
Pfarrer Alfred Hausen hat dieses Zentrum gebaut, es wurde 1980 fertiggestellt.

und hätte beinahe einen Jungen tödlich verletzt. Da habe ich die Nerven verloren und habe das ‚Ding' abreißen lassen." „Ja", meinte der Baurat, „man hätte doch den ganzen Klosterhof mit Brettern zunageln können." „Das haben wir ja gemacht, aber es half nichts", meinten wir alle. „Ja, dann hätte man ihn, den Herrn Baurat, doch vorher einmal anrufen können." – Ja, das ist auch wahr, da habe ich gar nicht dran gedacht, da hätte ich ja vorher einmal anrufen können. (Ich dachte, für wie blöd hält der mich eigentlich?) Als er nicht weiterkam, wurde der stellvertretende Generalvikar gerufen, Prälat Dr. Daniels, mein „Heißer Draht." Er kam auch prompt und meinte: „Was ist denn hier los?" Der Baurat antwortete: „Die haben den Klosterhof ohne Genehmigung abreißen lassen. Darauf gab der Prälat zur Antwort: „Ach, der aale (alte) Bau!" Da dachte ich: Gott sei dank, jetzt haben wir gewonnen. Das werde noch ein großes Nachspiel haben. Er werde die Denkmalbehörde benachrichtigen. Mit diesen Worten verabschiedete uns der Baurat. Nach diesem Canossa-Gang gingen wir zunächst einmal in eine Kneipe und genehmigten uns auf Pfarrkosten einen Cognac. Daran schloss sich dann ein gutes Mittagessen. So feierten wir unseren Erfolg. – Ich hatte schon mit einer Strafversetzung und einer erheblichen Kürzung meines Gehaltes gerechnet, aber es kam nichts, dank Prälat Daniels, der seine schützende Hand über mich hielt. War meine Handlung ungehorsam gegenüber dem Bischof oder war es Zivilcourage? Ich war in der Moraltheologie immer etwas schwach. Deshalb kann ich die Frage bis heute nicht beantworten. (Was lernen wir daraus? Auch ein Erzbischöfliches Generalvikariat ist nicht unfehlbar.) Statt der erwarteten Strafe wurde ich nach einem Monat vom Rektoratspfarrer zum kanonischen Pfarrer durch den Generalvikar ernannt. Ich nehme an, man wollte damit meine „Heldentat" anerkennen. Und was ich bis heute noch nicht fassen kann, ich erhielt die

Baugenehmigung. Endlich konnten wir mit dem Bau des Pfarrzentrums beginnen.
Nach sechs Jahren Planung war es dann soweit. 1978 kam der 1. Spatenstich und 1980 wurde dann die Kirche von Weihbischof Dr. Plöger unter großer Beteiligung der Bevölkerung eingeweiht. Es war ein großartiges Fest, ein absoluter Höhepunkt im Leben der Gemeinde. Mittlerweile haben wir schon im Jahre 2005 unser 25-jähriges Kirchenjubiläum mit Weihbischof Trelle gefeiert. Mittlerweile hat die Kirche zwei große Verschönerungen erfahren. Zum 25-jährigen Priesterjubiläum schenkte die Gemeinde mir eine bronzene Eingangstüre mit Moses und dem brennenden Dornbusch und den zwölf Glaubensartikeln des Apostolischen Glaubensbekenntnisses. Zum 70. Geburtstag erhielt ich dann die Turmuhr, die nunmehr weithin sichtbar die Kirche schmückt.

Geschenk der Gemeinde zum 70. Geburtstag: eine Turmuhr

3. Der Seelsorger

Eine erste wichtige Aufgabe, der Bau der Kirche und des neuen Pfarrzentrums, war erfolgreich abgeschlossen. Nun konnte sich die Seelsorge in vollem Umfang entfalten.
Jede Zeit setzt ihre seelsorglichen Schwerpunkte. Die Laienbewegung war vor 50 Jahren schon sehr stark. Die Laien wollten mitarbeiten am Aufbau der Gemeinde. Es erschien sogar vom Erzbistum ein konkretes Programmheft mit dem Titel: „Kirche ist Gemeinschaft." Darin wurde der Vorschlag gemacht, die große, anonyme Kirche in viele kleine, vertraute Gemeinschaften aufzugliedern, um so Kirche erlebbar zu machen. Diese Gemeinschaften sollten von verantwortlichen Leitern geführt werden. In diesen Gemeinschaften sollte aber auch das Religiöse einfließen, d. h. es sollte auch über den Wert des Glaubens für das Leben gesprochen werden.

Beim ersten Pfarrfest 1974 in Buschdorf

In diesem Sinne habe ich mich dann auch bemüht, viele Kreise zu bilden, die wie eine Familie Halt im Glauben gaben. Jeder braucht eine religiöse Heimat, und das war nun einmal die Ortsgemeinde mit ihren Gemeinschaften. Später sagte mir einmal eine Frau: „Seitdem ich in der Gemeinde mitarbeite, habe ich zu einem ganz neuen Verhältnis zum Glauben gefunden!"
So wurden nacheinander folgende Gemeinschaften gegründet: Pfarrgemeinderat, Kirchenvorstand, Büchereiteam, Kreis für Erwachsenenbildung, Pfarrbriefteam, Katechetengruppe für Kommunion- und Firmunterricht, Frauengemeinschaft (KFD), Männersenioren, Sozialkreis, Lektoren, Kommunionhelfer, Kirchenchor, Schola, Messdiener, Arbeitskreis Jugend, Jugendgruppen, Liturgiekreis für Kinder- und Familienmessen, Schule, Kreis zur Vorbereitung von Wortgottesdiensten für Vorschulkinder, Kindergarten, Vorschulkindergarten. In diesen fast 30 Gemeinschaften wurde Kirche lebendig erlebt und erfahren.
Wichtig war, dass diese Gemeinschaften offen waren und ein gutes friedliches Miteinander gepflegt wurde. Eine christliche Kirche musste für mich immer eine menschliche Kirche sein.
Aus der Vielfallt möchte ich einige Schwerpunkte herausgreifen.

4. Liturgie

Die Liturgie ist der Mittelpunkt einer jeden Gemeinde und hier vor allem die Eucharistiefeier am Sonntag Wir versammelten uns um den sakramentalen Christus, der uns auf der Wanderschaft durch das Leben mit seinem Wort unsern Weg erhellte und uns Orientierung gab; aber der uns auch stärkte mit dem Brot des Lebens, bis wir einmal das ewige Ziel erreicht haben. Christ sein heißt: Christus nachfolgen, wie Christus werden.

Zur Liturgie gehörte natürlich auch die Sakramentenspendung, das Kirchenjahr, Andachten, Wortgottesdienste, etc. Ich legte großen Wert auf eine gute Gestaltung der Liturgie und der Gottesdienste. Höhepunkte im Kirchenjahr waren vor allem die Kartage, Gründonnerstag, Karfreitag und die Osternacht. Ja, die Osternacht mit anschließender Agape im Pfarrsaal war der absolute Höhepunkt des Jahres.
Jeden Monat gab es eine eigene Kindermesse. Auch die „Mess' op Kölsch", die einmal im Jahr gefeiert wurde, war brechend voll. Höhepunke waren auch immer die Erstkommunionfeiern, die gründlich vorbereitet wurden. Hier muss ich Ihnen wieder einige Dönecken erzählen, die ich mit den Kommunionkindern erlebt habe. Alle Kommunionkinder gingen vorher zur Beichte. Dabei musste ich einige Male schmunzeln. Die Kinder waren immer sehr aufgeregt, und so kam es auch zu einigen Fehlleistungen: „Ich will Gott seine Sünden vergeben." „Ich habe zu einem Aschloch gesagt, der überhaupt kein Aschloch war." „Ich habe Unschamhaftes gerochen."
Den absoluten Höhepunkt aber brachte ein Junge, der wohl sehr aufgeregt und voller Angst war. Er begann mit der Beichte: Im Namen des Vaters und des Sohnes und des Hl. Geistes. Ich bin neun Jahre alt. Ich will Gott meine Sünden sagen. Dann lange Pause. Ich hörte, wie ein Bächlein plätscherte. Er pinkelte wohl in die Hose. Er pinkelte, bis er offensichtlich fertig war. Dann setzte er seine Beichte fort. Mir tat der arme Kerl leid. Ich sagte nichts, während er pinkelte, sondern wartete alles in Geduld ab. Am Schluß meinte ich, um ihm etwas Mut zu machen: „Du hast großartig gebeichtet. Alle deine Sünden sind dir vergeben." Nun aber kam eine Dame, kniete sich, stand wieder auf, kniete sich noch einmal, blieb dann aber knien. Offenbar war die Kniebank im Beichtstuhl doch etwas nass geworden. Ich dachte mir meinen Teil, blieb aber ganz ruhig,

als wenn nichts gewesen wäre. Meine Buße fiel dann auch etwas milder aus, weil die Dame ja schon Buße auf der feuchten Kniebank geleistet hatte.

5. Frauengemeinschaft

Die meiste Unterstützung in der Seelsorge erhielt ich durch die Frauengemeinschaft (KFD) und die Frauen. Es stimmt schon: Ohne die Frauen läuft in der Gemeinde nichts. Sie waren in allen Gremien vertreten und packten mit an. Ich erzählte das einmal begeistert bei einem Konveniat; das ist die monatliche Zusammenkunft aller Priester in einem Dekanat. Ganz euphorisch meinte ich: „Die Frauen leisten viel in meiner Gemeinde. Sie unterstützen meine ganze Arbeit. Ich glaube, ich habe auch ein besonderes Charisma für die Frauen." Da meinte ein Pastor: „Gib' nicht so an, das Charisma für die Frauenseelsorge haben wir Zölibatäre all'."

Mit einem kleinen Kreis von 15 Personen fing die KFD an. Heute haben wir 200 Beitrag zahlende Mitglieder in der KFD. Sie haben ein großartiges Jahresprogramm. Höhepunkte sind die Adventsfeiern, die Weihnachtsbasare, die Jahresausflüge und die Frauenmessen mit anschließendem Frühstück im Pfarrzentrum. Eine besondere Spezialität sind die jährlichen Karnevalsveranstaltungen, die so beliebt sind, dass sie gleich zweimal gehalten werden müssen. Um die Karten schlägt man sich schon Monate im Voraus; fünf Stunden Programm, alles hausgemacht, einfach toll! Natürlich muss der Pastor, der Präses, auch jedes Jahr in die „Bütt." Erwähnen muss ich noch, dass wir der KFD unsere wunderschöne neue Krippe verdanken mit einem Wert von 30.000 DM. Der Reingewinn der Basare wurde dafür eingesetzt. Die Krippe ist also Eigentum der KFD, die der Ge-

meinde die Krippenfiguren stets freundlicherweise kostenlos zur Verfügung stellt.
Auch hier muss ich wieder ein Döneke erzählen. Von Anfang an gab es einen Mitarbeiterkreis von 6 – 10 Frauen, die für das reichhaltige Programm verantwortlich waren. Einmal im Jahr wurde mit diesem kleinen Kreis eine Dankeschön-Fahrt gemacht. Als Präses fuhr ich natürlich immer mit. Einmal ging die Fahrt am frühen Nachmittag mit dem Zug nach Ahrweiler. Wir hatten einen schönen Nachmittag. Zuerst Kaffee und Kuchen und dann ein kleines Abendessen – kostenlos, natürlich auch die Zugfahrt. Bei der Rückfahrt löste eine Frau, die angeblich Bescheid wusste, die Fahrkarten an einem Automaten. Bis Remagen ging die Fahrt auch gut. Dann stiegen wir um und fuhren Richtung Bonn. Unterwegs kam der Kontrolleur: „Die Fahrkarten bitte." Wir reichten ihm unsere Karten in dem frohen Bewusstsein: Das hat schon alles seine Richtigkeit. Von wegen! „Sie haben ja alle Kinderbillets", meinte der Schaffner. „Da müssen Sie nachzahlen." Das war mir äußerst peinlich; schließlich waren wir ja katholische Kirche, und das konnte uns ja als Betrug ausgelegt werden. Ich zückte das Portemonnaie und wollte für alle zahlen. Da warf mir eine Frau einen bösen Blick zu. Sofort tat ich meine Geldbörse wieder in die Tasche. „Oh", meinten meine Damen, „wir sind von der katholischen Frauengemeinschaft. Es war heute so schön und nun so eine Panne. Was für eine Enttäuschung! Das haben wir aber nicht extra gemacht. Nein, wirklich, wir sind doch von der katholischen Frauengemeinschaft. Wir haben auch unsern Pastor dabei." Mein Gott, musste das erwähnt werden? Ich saß da als einziger Mann unter den fünf Frauen, aber in Wanderkluft und nicht als Priester erkennbar. Der Schaffner, gerührt von so viel Freundlichkeit meiner Frauen, sah mich ungläubig an. „Ja", sagte ich, „ich bin der Pastor der Buschdorfer Frauenge-

meinschaft. Ich kann Ihnen das auch beweisen. Wie heißt das Lied im Gotteslob unter der Nummer 257? Großer Gott, wir loben dich, Lied 949 / Maria breit den Mantel aus, Lied 266 / Nun danket alle Gott, Lied 294 / Wer nur den lieben Gott lässt walten." Der Schaffner staunte nur und meinte: „Das kann ich nicht beantworten, ich bin evangelisch." Ich war fassungslos, mit welchem Geschick die Frauen den Schaffner bezirzten. Da kamen dann so Sprüche auf: Nein, einen so netten Schaffner haben wir aber noch nicht kennengelernt. Nein, was der für ein Verständnis für uns dumme Frauen hat. – Ob der Herr das alles glaubte? Immerhin, es tat ihm gut. Und schon hatten wir Bonn erreicht. Artig haben wir uns dann verabschiedet und ihm für so viel Verständnis gedankt. „Nein", sagte ich zu meinen Frauen „mit euch kann man aber auch nirgendwo hinfahren, ohne sich zu blamieren. Kinderbillets, Kinderbillets ... Und doch bewundere ich euch, wie ihr den Mann erfolgreich um den Finger gewickelt habt." Kein Wunder, dass die Bundesbahn immer kurz vor der Pleite steht. Dennoch, so freundliche Schaffner sorgen auch dafür, dass viele gern mit der Bahn fahren.

6. Jugend / Messdiener

Als ich mit 36 Jahren die Gemeinde übernahm, gab es keinerlei Jugendarbeit. Alle jungen Familien mit zahlreichen Kindern erwarteten von dem jungen Pastor, dass er sich um die Jugend kümmert. Nichts tat ich lieber als das. Wir bildeten zunächst einen Jugendausschuss mit Erwachsenen und Jugendlichen. Auf Pfarrebene führten wir eine Führerschulung durch und so hatten wir in wenigen Jahren schon zehn Jugendgruppen, die unter der Leitung von jungen Führern und Führerinnen wöchentlich Gruppenstunden durchführten. Das war die organisierte Jugendarbeit, gleichsam das Rückgrat der jungen Gemeinde. Daneben gab es die offene Arbeit (Teestube, Filmnachmittage, Ausflüge, etc.) für Jugendliche, die sich nicht so sehr binden wollten. Jährliche Höhepunkte waren die Sommerlager, die unter der Leitung von Pfarrer Hausen jedes Jahr in Bayern, im Schwarzwald, in Österreich oder in der Schweiz durchgeführt wurden, an denen sogar einmal 120 Jungen und Mädchen teilnahmen. Das schönste Lager war in Saas Grund / Wallis in der Schweiz. Wir führten auch Tagesausflüge durch bis zum Fuße des Matterhorns nach Zermatt und bis Locarno am Lago Maggiore. Noch heute erzählen die Teilnehmer begeistert von diesen Lagern. In solchen Lagern passierten auch manche Unfälle, aber dank der Führung und dem Segen (Reisesegen) Gottes ging alles immer glimpflich aus. Einmal wurde ein Junge von einer Kreuzotter gebissen. Wir brachten ihn gerade noch rechtzeitig ins Krankenhaus, wo er dann den Rest seiner Ferien verbrachte. Ein anderes Mal wurde ein Junge bei einer Bergwanderung unglücklich von einem herabrollenden Stein getroffen. Er musste von der Bergwacht abtransportiert werden. Zweimal wurde mein Auto von den Jugendlichen fast schrottreif gefahren. Dennoch ging es auch im nächsten Jahr wieder auf Fahrt.

Auch hier muss ich wieder ein Döneke erzählen. Um die Lager einigermaßen preiswert zu halten, hatten wir bei Metro schon 80 % der Nahrungsmittel eingekauft. Das war nötig, denn die Schweiz war sehr teuer. Wir hatten die Lebensmittel gut verpackt im Kofferraum des Busses untergebracht. An der Zollgrenze in Basel kam ein Zollbeamter in den Bus und fragte: „Haben Sie etwas zu verzollen? Nehmen Sie Lebensmittel mit?“ Oh Gott, wir hatten den ganzen Bus voll. Was sollten wir nun sagen? Ja zu sagen bedeutete 3.000 DM Zoll. Nein, das war ein bisschen gelogen. Zum Glück sagte der Busfahrer:

Pfarrer A. Hausen mit einer Jugendgruppe am Fuße des Matterhorns/Wallis

„Herr Pfarrer, haben wir etwas zu verzollen?“ Es war mäuschenstill. Gut, dass der Busfahrer gesagt hat: „Herr Pastor.“ Ich merkte, wie der Zollbeamte zusammenzuckte. Mein Gott, da fährt sogar ein Pastor mit. „Nein“, meinte ich, „Lebensmittel haben wir keine dabei, lediglich die Tagesration, die die Kinder in ihren Rucksäcken haben.“ Betretenes Schweigen! Ob er mir glaubte oder ob er einen Pastor nicht vor den Kindern bloßstellen wollte, ich weiß es nicht, jedenfalls durften wir weiterfahren. Lieber Gott, danke! Es ist noch mal gut gegangen. Das war knapp. Gerade die Lager trugen dazu bei, dass die Jugendlichen zu einer echten Gemeinschaft zusammenwuchsen. Beliebt waren auch die Jugendmessen mit der Jugendschola, die Früh- und Spätschichten und die liturgischen Nächte. In zahlreichen Gesprächen, Diskussionen und Einkehrtagen haben wir unsern Glauben vertieft. Immerhin gingen aus dieser Jugendarbeit zwei ehemalige Führer hervor, die Theologie studierten und Priester im Orden der Redemptoristen wurden. Einer ist heute Professor für Moraltheologie in Erfurt und hat schon zahlreiche Bücher geschrieben. Der andere war zeitweise Novizenmeister. Einen großen Schwerpunkt legte ich auf die Messdienerarbeit. Zurzeit haben wir 70 Messdiener und Messdienerinnen. Aus einer kleinen Zahl hat sich diese große Gemeinschaft gebildet. Nach der Erstkommunion werden die Kinder in einem dreimonatigen Kurs für ihren Dienst am Altar durch Pfarrer Hausen ausgebildet. Sie führen mit anderen Kindern erfolgreich die Sternsingeraktion durch. Auch bei Pfarrfesten und Sommerlagern brauchen wir ihre hilfsbereiten Hände. Ein Großteil der Jugendlichen arbeitet auch bei den Messdienern mit. Als Dank erhalten sie nicht nur zu Weihnachten ein Geschenk (Buch und Tüte), sondern dürfen auch am Jahresausflug zu den Karl-May-Festspielen oder zum Panoramapark oder zum Duisburger Zoo teilnehmen.

Und auch hier muss ich wieder ein Döneke erzählen. Ein Freund von mir war Organist und leitete einen Kinderchor, der vorwiegend aus Mädchen bestand. Die Mutter eines Chormitgliedes war ständig dabei. Eines Tages meinte mein Freund: „Kann mein Chor nicht mal bei dir in der hl. Messe singen?" „Ja", sagte ich, „ihr seid herzlich willkommen. Am nächsten Sonntag mache ich einen Ausflug mit 30 Messdienern zu den Karl-May-Festspielen nach Elspe. In der hl. Messe, an der auch alle Messdiener teilnehmen, könnt ihr dann die musikalische Gestaltung übernehmen. Anschließend lade ich den Kinderchor ein, mit unseren Messdienern zu den Karl-May-Spielen zu fahren als Dank für euer gutes Singen." Der Tag ist gut verlaufen und alle Kinder waren zufrieden.
Auf der Rückfahrt kam dann der Hammer. Es war an diesem Sommertag unbarmherzig heiß. Deshalb machten wir eine

Aufnahme neuer Messdienerinnen und Messdiener in die Ministrantenschar.

Pause in der Nähe eines Kioskes. Jeder konnte sich da noch etwas zum Trinken holen. Auch Philipp zog sich noch eine eiskalte Cola rein. Das aber sollte Folgen haben. Bei der Rückfahrt meinte ein Mädchen: „Herr Pastor, hier riecht es so komisch. Ich weiß nicht, so nach Käse!“ Der unangenehme Geruch konnte dann in der Nähe von Philipp lokalisiert werden. Er gab es auch zu, dass bei ihm die Cola einen direkten Durchmarsch gemacht hatte. Es war mit einigem Beiwerk in die Hose gegangen. Wir hielten an, Philipp stieg aus, und der Busfahrer gab mir einen Eimer Wasser und ein Tuch mit. Der Bus fuhr weiter, denn es brauchte ja nicht jeder das nun beginnende Schauspiel mit anzusehen. Auch eine Mutter, die als Begleitung mit dem Kinderchor gefahren war, stieg aus, und wir drei verschwanden hinter einem Busch. Philipp musste sich ausziehen und wurde von der Frau Zimmermann gereinigt. Die schmutzige Wäsche taten wir in den Eimer. Nun stand der arme Kerl zwar wieder sauber, aber nackt vor uns. Was machen? Frau Zimmermann meinte, den setzen wir einfach so in den Bus, es ist doch warm. „Nein“, sagte ich, „auf keinen Fall, was sollen die Mädchen denken? Es muss eine andere Lösung gefunden werden.“ Ich hatte eine Idee. Ich zog hinter einem Busch meine Unterhose aus; dann ist wenigstens seine Blöße bedeckt. Meine Unterhose war ihm natürlich viel zu weit, sodass er sie mit den Händen festhalten musste. So stieg er dann unter großem Gelächter in den Bus wieder ein. Als wir in Buschdorf ankamen, sagte ich zu meinen Messdienern: „So, nun geht ihr schön nach Hause.“ Die Mutter von Philipp lief schon ganz aufgeregt herum und rief: „Wo ist denn mein Junge? Ist etwas passiert?“ Dann stieg Philipp, nicht wie ein Gladiator triumphierend, sondern Unterhose festhaltend wie ein armer Bettler aus dem Bus. „O Gott, das ist ja furchtbar.“ „Nun“, meinte ich tröstend, „es hätte jedem passieren können.“ Nach einer Woche bekam ich meine Unterhose sauber und

schön gebügelt zurück. Als mir Philipp die Unterhose zurückgab, sagte ich zu ihm: „Nun musst du Pastor werden. Du hast ja die Unterhose von einem Pastor angehabt."
Die Messdiener waren meine besondere Elite. Bei meinem 70. Geburtstag haben sie mir ein schönes Dankeschön bereitet. Nach der Festmesse sangen alle Messdiener ein Loblied auf den Pastor. Man überreichte mir ein Trikot vom 1. FC Köln und gab mir zwei Eintrittskarten für ein Spiel im Stadion des 1. FC Köln, eine für mich und eine für Frau Brungs, die sich auch sehr für die Messdienerarbeit einsetzte.
Eine Woche später fuhren wir dann nach Köln. Das war ein Erlebnis eigener Art. Der Vater einer Messdienerin, der bei den

Überraschung zum 70. Geburtstag

Kölner Verkehrsbetrieben tätig war, organisierte eine Straßenbahn, die uns von Buschdorf bis vor das Rhein-Energie-Stadion brachte. Das war ein Mordsgaudi. Es gab sogar zu essen und zu trinken. Natürlich wurden wir unterwegs mit unserer Sonderbahn, die an keiner Station anhielt, bewundert. Das tat uns gut. Allgemein herrschte die Meinung, wenn wir schon unseren Pastor mitnehmen, müssen wir auch gewinnen. Soll der sich doch mal bemühen und alle Engel im Himmel anrufen. Fast gelang der Sieg, aber nicht so ganz. Wir gewannen gegen den VFB Stuttgart mit 0:0. Einige meinten, dass sei doch kein Sieg, sondern ein Unentschieden. Ich antwortete: „Für den 1. FC Köln ist ein Unentschieden schon ein Sieg.“ Da gaben mir alle recht. Und ich hatte meine Ehre als Sieg-Bringer gerettet. Dann fuhren wir wieder nach Hause und machten mit Reibekuchen-Essen im Pfarrsaal den Abschluss. Über diesen Dank meiner Messdiener habe ich mich sehr gefreut.

7. Sozialkreis

Seit über 30 Jahren gibt es nun einen Sozialkreis mit zehn Frauen, die vorwiegend für die Seniorenarbeit zuständig sind. Sie bieten den Senioren monatlich ein ansprechendes Programm. Sehr beliebt sind vor allem die Ausflüge nach Rüdesheim, Maastricht, Zons, Bacharach, Cochem an der Mosel, etc. Aber auch die Wallfahrten nach Kevelaer, Banneux und Neviges finden großen Anklang. Erbaulich waren die Vorträge von Pastoralreferentin Schmitz über Edith Stein und Mutter Teresa. Lustig waren die Nachmittage mit dem „Fussisch Julche“ (Marita Kölner), Vicky Jungbluth, Stelter und mit Herrn Meixner über kölsches Brauchtum.

Die Damen des Sozialkreises besuchten regelmäßig alle Senio-

Frau Lotti Krekel singt rheinische Mundartlieder.

ren, die einen halbrunden oder runden Geburtstag hatten, und gratulierten im Auftrag der Pfarrgemeinde. Dabei überreichten sie auch ein kleines Geschenk, ein Büchlein, einen Kalender oder eine Flasche Wein. Aber auch für alle anderen sozialen

Belange waren die Sozialdamen ansprechbar. Wenn wir selbst nicht helfen konnten, vermittelten wir die Betroffenen an den Caritasverband Bonn. Dieser Sozialkreis ist für eine christliche Gemeinde, die die Nächstenliebe auf ihre Fahnen geschrieben hat, von großer Wichtigkeit. Es geht um die Glaubwürdigkeit der Gemeinde. Am längsten leitete Frau Margarete Brungs bisher den Sozialkreis. Deshalb wurde sie bei der Visitation von Herrn Weihbischof Norbert Trelle mit der goldenen Ehrennadel des Deutschen Caritasverbandes ausgezeichnet.

8. Dechant

Nach zehn Jahren erfolgreicher Aufbauarbeit in St. Aegidius in Buschdorf kamen nun auch noch neue Aufgaben auf mich zu. 1982 wurde ich von meinen priesterlichen Mitbrüdern im Dekanat Bonn-Nord zum Dechanten für sechs Jahre gewählt. Ich war damals mit 46 Jahren der Jüngste unter den Pastoren. Mein Vorgänger in diesem Amt hatte nicht mehr kandidiert. Er war fast 18 Jahre ein sehr beliebter Dechant, und ich hatte es nicht leicht, in seine Fußstapfen zu treten. Ich hatte schon etwas Bammel und Zittern in den Beinen angesichts der neuen und schweren Aufgabe. Aber ich sagte mir: „Wem Gott ein Amt anvertraut, dem wird er auch die Kraft geben, es zu meistern." Welche Aufgabe hat ein Dechant? Ein Dekanat umfasst in der Regel zehn Pfarreien (decem = zehn). Das Dekanat Bonn-Nord aber war das größte von den fünf Dekanaten der Stadt Bonn. Es umfasste 15 Pfarreien. Der Dechant ist ganz allgemein gesprochen der „primus inter pares" (der Erste unter Gleichen) und damit der Sprecher der Priester und Laien des Dekanates. Man sagt auch: Er ist das Auge des Bischofs. Er hat die Verbindung zum Bischof und umgekehrt wahrzunehmen.

Aber er ist auch der Vermittler von Priester und Laien, der manchmal auch aufkommende Streitigkeiten schlichten muss. Und er muss natürlich auch die Kirche bei besonderen Anlässen der Zivilgemeinde vertreten.
Nun ein Wort zu den konkreten Aufgaben. Der Dechant ist der Leiter des Presbyteriums (Gemeinschaft aller Priester im Dekanat). Er lädt einmal im Monat alle Priester zum Konveniat (Zusammenkunft) ein. Wir trinken gemeinsam Kaffee. Dann werden wichtige Dinge der Seelsorge besprochen. Dieses Konveniat, bei dem es manchmal auch sehr lustig zugeht, wenn die neuesten Witze erzählt werden, dient vor allem der Förderung der Gemeinschaft der Priester. Darüber hinaus führten wir auch jedes Jahr einen ganztägigen Ausflug durch; dies diente dem Gemeinschaftsbewusstsein der Priester untereinander. Für meine Mitbrüder (Confratres) habe ich diese Aufgabe immer gerne wahrgenommen. Man half sich. Ich legte immer großen Wert auf eine gute Atmosphäre. In diesem Sinne war der Dechant auch für seine Mitbrüder da bei Pfarreinführungen, bei Beerdigungen und bei Jubiläen, bei denen er entweder die Festpredigt hielt oder ein Grußwort im Namen des Dekanates sprach.
Alle fünf Jahre besucht der Bischof alle Gemeinden des Dekanates, um nach dem Rechten zu sehen und die Gläubigen im Glauben zu stärken. Dann hatte der Dechant besonders viel zu tun. Er musste in mühevoller Kleinarbeit den Terminplan für den Bischof zusammenstellen. Anschließend durfte er den Bischof 3 – 4 Wochen täglich begleiten. Das war für mich sehr wertvoll, da ich auf diese Weise das ganze Dekanat mit den Kirchenvorständen, den Pfarrgemeinderäten, den Schulen und Kindergärten, den Seniorenkreisen, den Firmlingen und Firmkatecheten kennenlernte. So durfte ich fünf Mal den Weihbischof Dr. Plöger und Weihbischof Trelle begleiten.
Zweimal im Jahr wurde eine mehrtägige Dekanatskonferenz (heu-

te Priesterratssitzung) in Bensberg oder Bad Honnef durchgeführt, an der ca. 100 Personen, Dechanten und Vertreter der Kapläne und der Ordensgemeinschaften, teilnahmen. Selbstverständlich waren dann der Erzbischof, die Weihbischöfe, der Generalvikar, der Personalchef, der Regens und alle Leiter der Abteilungen des Generalvikariates anwesend. Mit dem Priesterrat besprach der Bischof dann die großen Aufgaben und Probleme der Zukunft. Leider war in den letzten zehn Jahren die ganze Seelsorge schwer belastet mit Veranstaltungs- und Strukturfragen. Es ging um neue Seelsorgebereiche, Zentralrendanturen, Reduzierung von Kindergartengruppen, Verkauf von Kirchen und Pfarrzentren. Was wir im Priesterrat besprachen und mit dem Bischof entschieden, musste natürlich auch auf unterer Ebene vermittelt werden. Ich bemühte mich, das einigermaßen friedlich über die Bühne zu bringen. Autoritäre Entscheidungen waren hier nicht möglich. Das erforderte viele Gespräche und viel Zeit.
Neben dem Dechantenamt kamen noch weitere überpfarrliche Arbeiten hinzu. Mit Diakon Hesterberg übernahm ich 1985 für 15 Jahre eine zweite Gemeinde: St.Margareta in Grau-Rheindorf. Wenn auch der Diakon die Hauptlast der Seelsorge und Verwaltung trug, spürte man doch täglich die Mehrbelastung. Aber ich habe meine Zeit gerne für die Rheindorfer geopfert. Sie waren und sind ein fröhliches und gesangfreudiges Völkchen, d. h. Karneval wird hier ganz groß gefeiert (eine Sitzung dauert sechs Stunden mit eigenem Programm); außerdem gibt es in Rheindorf vier Gesangvereine, einer besser als der andere. Es war eine schöne Zeit in guter Zusammenarbeit mit Diakon Hesterberg, der gerne den „Pastor“ spielte, aber immer mit meiner ausdrücklichen Genehmigung. Als er in Pension ging, kamen die Michaeliten, ein polnischer Orden, der Rheindorf, Auerberg und St. Hedwig übernahm. Das war für mich schon eine große Entlastung. Dafür aber wählten mich die Laien zum

Leiter des Pfarrverbandes und des Kirchengemeindeverbandes des Seelsorgebereiches Bonn-Nord/Rheinaue mit vier Gemeinden. Der Bischof ernannte mich zum Moderator, und damit hatte ich nun die Verantwortung für vier Gemeinden.
Als ich 70 Jahre alt wurde, habe ich dann für das Amt des Dechanten nicht mehr kandidiert. Ich wollte nach 24 Jahren diese Aufgabe in die Hand eines Jüngeren legen. Zum Dank hat mich dann der Papst auf Fürsprache des Bischofs zum Monsignore ernannt. Bei meiner Verabschiedung aus dem Dechantenamt erhielt ich dann den Titel Ehrendechant. Das war zwar nicht nötig, aber man freut sich doch.

9. Kommune

Ein Pastor ist nicht nur für die katholische Gemeinde da. Er muss auch teilnehmen am Leben der Zivilgemeinde. Das habe ich immer gerne getan.
So nahm ich regelmäßig an den Veranstaltungen des Ortsfestausschusses (OFA) teil. Er gestaltete die Kirmes, das Martinsfest, einen Seniorennachmittag im Jahr, den Buschdorfer Advent, etc. Auch an den Jahreshauptversammlungen nahm ich regelmäßig teil und berichtete über das Leben der Kirchengemeinde. Zum Dank dafür wurde mir vom Vorsitzenden die goldene Ehrennadel verliehen.
Auch bei den großen Veranstaltungen der Ehrenamtlichen Feuerwehr Buschdorf war ich gerne dabei. Meist wurden diese Veranstaltungen mit einer hl. Messe in der Pfarrkirche eröffnet. Anschließend fuhren wir zum Feuerwehrhaus, wo mit einem guten Bufett weitergefeiert wurde. Zu meinem 70. Geburtstag wurde ich als Dank für mein Engagement zum Ehren-Feuerwehrmann mit allen Insignien ernannt.

Auch der Karnevalsverein in Buschdorf machte mich zum Ehrenmitglied. Seitdem trage ich bei allen Karnevalsveranstaltungen die Ehrenkappe. Dieser Verein bringt Freude und Frohsinn in die Gemeinde hinein. Das war ganz in meinem Sinne. Und so habe ich diesen Verein mit meinen Büttenreden und Gesängen immer unterstützt, was mir als Kölner nicht schwer fiel; denn uns „Kölsche" wurde ja der Humor schon in die Wiege gelegt.
Wichtig ist noch zu erwähnen, dass ich auch zur evangelischen Kirche stets ein gutes Verhältnis hatte. Die Ökumene war mir stets ein Herzensanliegen. An der Basis lebten wir bereits so, als sei die Wiedervereinigung schon vollzogen worden. Mit dem evangelischen Pfarrer verband mich ein freundschaftliches Verhältnis. Das erleichterte die ökumenische Arbeit. Für die Kinder der Grundschule führten wir am Beginn der Schulzeit eine ökumenische Schulsegnung durch; ähnlich gestalteten wir am Schluss des Schuljahres den Abschlussgottesdienst. Vor Weihnachten feierten wir mit allen Kindern der Grundschule einen gemeinsamen Adventsgottesdienst. Aber auch für die Erwachsenen führten wir in der Glaubenswoche gemeinsame Veranstaltungen durch. Natürlich gab es auch ökumenische Trauungen. Alle Begegnungen waren von Toleranz und großem Wohlwollen getragen.

6. KAPITEL: SCHLUSSBETRACHTUNG

1. Emmausjünger

Es gibt in der Hl. Schrift eine schöne Ostererzählung. Wir meinen die Erzählung von den beiden Emmausjüngern (Lk 24, 13-35).

Zwei Jünger fliehen aus Jerusalem in den kleinen Ort Emmaus, 60 Stadien (ca.12 km) von Jerusalem entfernt. Sie verlassen aus Angst die Hauptstadt. Man könnte sie vielleicht auch als Jünger Jesu enttarnen. Dann würden sie vielleicht auch das gleiche Schicksal wie ihr Herr und Meister erleiden. Während sie miteinander redeten, gesellte sich Jesu auf der Wanderung zu ihnen und erklärte ihnen die Schrift (des Alten Testamentes). Nach den Aussagen der Propheten musste der Messias leiden, um dann in seine Herrlichkeit zu gehen. Sie waren beeindruckt von dem „Fremden." Er hatte an ihr Herz gerührt, sie getröstet und ihnen weitere Orientierung und Hoffnung für ihr Leben gegeben. So kamen sie in Emmaus an. Jesus, der Auferstandene, folgte ihrer Einladung: „Herr, bleibe bei uns, denn es will Abend werden und der Tag hat sich schon geneigt." Sie kehrten in ein Gasthaus ein. Beim Brotbrechen, beim Mahl erkannten sie: Das ist der Herr. Die Frauen hatten recht. Er ist wirklich auferstanden. Noch am selben Abend kehrten sie nach Jerusalem zurück und verkündeten den Aposteln: „Der Herr ist wahrhaft auferstanden. Er ist uns auf dem Weg nach Emmaus begegnet."

Mit dieser Erzählung konnten wir beide uns am meisten identifizieren. Wir sind und wollen seine beiden Emmausjünger

sein. Wir wollen mit dem Herrn gemeinsam den Lebensweg gehen. In der Tat, unser Leben ist eine Wanderschaft von der Geburt zum Tod und zur Auferstehung. Auf dieser Wanderung sind wir nicht allein. Jesus geht diesen Weg unsichtbar mit uns. Er erklärt uns in jeder hl. Messe die Schrift. Er verkündet uns Worte ewigen Lebens, Worte, die unserem Leben Orientierung, Trost, Kraft und Halt verleihen. „Herr, zu wem sollen wir gehen, du allein hast Worte ewigen Lebens" (Joh. 6,68). Beim Brotbrechen in der Eucharistiefeier stärkt er uns immer wieder mit dem Brot des Lebens.
Dem Bund Neudeutschland verdanken wir beide die erste große Begegnung mit Jesus Christus, als wir mit dem Ziel dieser Lebensgemeinschaft in Berührung kamen. Sinn und Ziel des Lebens ist „die Lebensgestaltung in Christus." Ja, das war es doch, was wir suchten, einen sinnvollen Lebensweg. Von da an hat uns dieser Jesus Christus nicht mehr losgelassen. Wir erkannten: Er ist der edelste Mensch, der je über diese Erde gegangen ist. Ihm wollen wir von nun an als seine beiden Emmausjünger nachfolgen. Wir waren uns sicher, dass wir mit ihm den richtigen Weg durch das Leben gehen. Das ist auch heute noch unsere feste Überzeugung. Emmaus, das ist für uns die hl. Messe, wo wir dem Herrn täglich begegnen in seinem Wort und in seinem Mahl. Von daher hat die hl. Messe in unserem priesterlichen Leben immer eine hohe Stellung eingenommen.
Das ist auch der Grund, weshalb wir die Emmausjünger zu unserem Primizbild gewählt haben. Unsere Großmutter mütterlicherseits, eine große Malerin, hat jedem Zwilling das Bild von den Emmausjüngern von Rembrandt gemalt. Es hängt in unserem Wohnzimmer, und wir schauen jeden Tag auf dieses Bild und Vorbild. Zum silbernen Priesterjubiläum haben wir das Bild noch einmal ausgewählt und mit einem nun neuen Gebet versehen.

„Herr, bleibe bei uns, denn es will Abend werden, und der Tag hat sich geneigt.
Bleibe bei uns und bei deiner ganzen Kirche.
Bleibe bei uns am Abend des Tages,
am Abend des Lebens, am Abend der Welt.
Bleibe bei uns mit deiner Gnade und Güte,
mit deinem heiligen Sakrament
und deinem Troste und Segen.
Bleibe bei uns, wenn über uns kommt
die Nacht der Trübsal und Angst,
die Nacht des Zweifels und der Anfechtung,
die Nacht des bitteren Todes.
Bleibe bei uns, bei allen deinen Gläubigen
in Zeit und Ewigkeit. Amen.

Silbernes Priesterjubiläum

2. Gottes Führung

Wir sind beide davon überzeugt: Unser Leben stand unter Gottes Führung. Das ist unsere gläubige Erfahrung nach nunmehr 73 Jahren. Denn so viele Zufälle gibt es nicht. Bis zur Priesterweihe hatten wir einen gemeinsamen Weg. Wir wohnten zusammen bei den Eltern in Köln-Mülheim. Wir besuchten beide das gleiche Gymnasium und machten beide das Abitur. Auch während des 6-jährigen Studiums in Bonn, Freiburg und Köln waren wir zusammen. Schließlich empfingen wir an einem Tag (22.02.1962) im Hohen Dom zu Köln die Priesterweihe. Dann aber gingen unsere Wege auseinander. Wir wurden beide zur gleichen Zeit Kaplan, der Erstgeborene in Bensberg und der Zweitgeborene in Bonn und Wuppertal. Nach zehn Jahren Kaplanszeit übernahm jeder eine eigene Pfarrei, der eine in Asbach/Westerwald, der andere in Bonn. Dort sind wir heute noch, nach 37 Jahren, im aktiven Dienst. Beide wurden von den Mitbrüdern zum Dechanten gewählt. Dieses Amt haben wir beide 24 Jahre bekleidet. Als Dank dafür wurden beide vom Papst zum Monsignore ernannt. (Der Zweitgeborene allerdings erst fünf Jahre später.) Bei seiner Dankesrede sagte er zum Weihbischof Trelle, der ihm die Urkunde im Beisein von Pfarrgemeinderat und Kirchenvorstand überreichte: „Ich hätte nie gedacht, dass die Viertelstunde am Anfang des Lebens sich im Laufe des Lebens auf fünf Jahre ausgedehnt hätte“). Und schließlich wurden beide nach Ablauf der Dechantenzeit zum Ehrendechanten ernannt. (Beide sollten auch noch zum Bischof geweiht werden. Aber wegen der großen Verwechslungsgefahr hat man davon Abstand genommen. Wir meinen allerdings, beim Bischofsamt wäre das noch nicht so tragisch gewesen. Wohl beim Papstamt wäre das problematisch geworden. Denn in der katholischen Kirche gibt es nun einmal nur einen Papst als Stellvertreter Jesu Christi. Dennoch wäre auch das möglich gewesen. Wer sich in der Kirchengeschichte etwas auskennt, weiß, dass es sogar auch schon zwei Päpste, ja sorgar drei Päpste gegeben hat. Aber das hätte sicher auch unter Zwillingen zu Komplikationen geführt. Davor hat Gott uns bewahrt.) Zweifeln Sie noch an Gottes Führung? Wir nicht!

Zwillinge in Soutane mit violettem Zingulum.
Beide als Monsignore.

Sicher ist jeder selbstständig seinen Weg in dem Seelsorgebereich, wo er tätig war, gegangen. Jeder hat seine eigenen Entscheidungen getroffen. Und doch fühlen wir uns von Gott an einer langen Leine geführt. Die Freiheit des Menschen ist ein hohes Geschenk Gottes. Gott achtet es. Dennoch kann er mit seiner inneren Gnade (Erleuchtung des Verstandes und Motivierung des Willens) den Menschen lenken und leiten, wenn er auf sein Werben (innere Stimme des Gewissens) eingeht. So hat Gott die biologische Gleichheit auch zu einem gleichen Lebensweg geführt. So gibt es am Ende unseres wunderbaren Lebens Gott gegenüber nur ein Wort, und das heißt: danke. „Du gabst, o Herr, mir Sein und Leben und deiner Gnade himmlisch' Licht. Was kann dafür ich Staub dir geben? Nur danken kann ich, mehr doch nicht“ (Schubert).

3. Freizeit / Hobby

Nun könnte natürlich der Eindruck entstehen, dass unser Leben nur aus beten und arbeiten (ora et labora) bestanden hätte. Eine große Bedeutung in unserm Leben nahm auch eine sinnvolle Freizeitgestaltung ein. Auch hier hatten wir die gleichen Interessen (Hobbys): Reisen und Wandern, Sport, Lesen von guten Büchern und Schach spielen. So verbrachten wir nicht nur unseren freien Tag (Hausfrauentag) wöchentlich gemeinsam, sondern auch unsere Ferien.

Wir fuhren meist mit unserer Mutter in unsere geliebten Alpen in Deutschland, Österreich und in der Schweiz. Oft sind wir tagelang in den Bergen gewandert und haben viele Gipfel bestiegen: den Watzmann im Berchtesgadener Land, das Zucker-

Zwillinge unter dem Gipfelkreuz bei einer Bergwanderung

hütle im Stubaital und natürlich auch die Zugspitze, den höchsten deutschen Berg. Die schönste Tour war die Bergwanderung zum Allalinhorn mit 4000 m in den Walliser Alpen, den wir am frühen Morgen um 3.00 Uhr, noch in der Dunkelheit, bestiegen. Dabei erlebten wir einen herrlichen Sonnenaufgang in den Gletscherbergen. Vorher hatten wir in einer Hütte übernachtet. Vom Hüttenzauber waren wir stets begeistert. Einfaches, uriges Essen und Matratzenlager fand unsere ganze Zustimmung. Man fand dort echte Bergkameraden, mit denen man oft am Abend vorher die Route besprach. Diese Bergwanderungen gehören zu den schönsten Erlebnissen unseres Lebens. Das war Gottes schöne Schöpfung, ein Wunderwerk seiner Macht und Größe. Vor Begeisterung haben wir dann eine Tonbildschau zusammengestellt unter dem Titel: „Evangelium der Berge." Und so wurde auch das Bergsteigerlied zu unserem Lieblingslied: „Wenn wir erklimmen schwindelnde Höhen, steigen dem Gipfelkreuz zu. In unserm Herzen brennt eine Sehnsucht, die lässt uns nimmer mehr in Ruh'. Herrliche Berge, sonnige Höhen, Bergvagabunden sind wir, ja wir." Diese Liebe zu den Bergen hat vor allem ein Volksschullehrer und Sportlehrer in uns geweckt. Dafür sind wir ihm heute noch dankbar. Ein weiteres Hobby war das Reisen. Wir haben vor allem mit dem Fahrrad und Zelt Deutschland und viele Staaten im Ausland kennengelernt. Später ging es dann mit dem Moped und dem Auto auf Reisen. Deutschland war oft unser Ziel, von den Alpen bis zum Meer. Deutschland ist wunderschön. Das sagen wir auch heute noch, nachdem wir über 30 Länder bereist haben. Zu den markantesten Touren gehören unsere Reisen in die USA, nach Kanada, nach Indien und China. Reisen weitet den Blick. Man lernt neue Völker, Kulturen und Religionen kennen. Diese Reisen waren eine große Bereicherung. Der Horizont weitet sich und man wird tolerant gegenüber allen Religionen und Weltanschauungen.

Ein gemeinsames Hobby war auch der Sport. Wir waren als lange, schlanke Gestalten gut in der Leichtathletik, vor allem im Langstreckenlauf. Unvergesslich ist der 3000-m-Lauf bei der Abiturprüfung. Mit 20 Schulkameraden (Oberprima) gingen wir an den Start. Der Zweitgeborene (Alfred) wurde Zweiter, der Erstgeborene (Heribert) Vierter. Nein, das hätte man von den beiden Theologen nicht erwartet. Alle Lehrer waren begeistert und konnten nicht begreifen, dass die Theologen und Zwillinge so drahtige Kerle waren. Auch das Schwimmen gehörte zu unseren sportlichen Stärken. Am liebsten schwammen wir in Flüssen oder Seen auf unseren Fahrten und Reisen. Selbstverständlich nahmen wir am DLRG-Kurs (Deutsche Lebens-Rettungs-Gesellschaft) teil. Dafür wurde in der Freizeit hart trainiert. Beide erreichten wir schließlich den Leistungsschein (Silbermedaille). Der Zweitgeborene machte sogar noch den Lehrschein (Goldmedaille). Dennoch waren wir nie olympiaverdächtig. Der Sport machte uns Spaß und diente der körperlichen Ertüchtigung. Der Mensch besteht aus Leib und Geist. Und so taten wir in den Ferien auch etwas für unsere Weiterbildung. Auch das war ein gemeinsames Hobby. Endlich Freizeit! Nun konnte man einmal ein Buch von Anfang bis Ende ohne ständige Unterbrechungen lesen. Zwei bis drei Bücher nahmen wir immer in den Ferien mit, die gerne gelesen wurden. Natürlich unterhielten wir uns auch über das Gelesene und tauschten unsere Meinungen aus. Wenn wir auch einen Grundkonsens in vielen Fragen vertraten, so gab es doch immer wieder auch unterschiedliche Meinungen.

Gerne haben wir Schach gespielt. Da wir am Tag manchmal zahlreiche Partien spielten, waren wir sogar gute Schachspieler. So dienten die Ferien immer wieder der körperlichen und geistigen und geistlichen Erholung. Man konnte einmal abschalten und zur Ruhe und Besinnung kommen und immer wieder von

Zeit zu Zeit über einen Lebensabschnitt nachdenken. Schön, wenn man das mit seinem Zwillingsbruder machen kann. Man ging nach den Ferien immer mit neuem Schwung und neuer Freude an seine Arbeit.
Sicher: Gebet und Arbeit sind elementare Bedürfnisse des gläubigen Menschen. Hier wächst der Mensch zur christlichen Persönlichkeit heran. Aber auch die Freizeit ist ein wichtiger Baustein im menschlichen Leben. Man muss einmal zeitweise seinen Hobbys nachgehen können, um das Leben in vollen Zügen genießen zu können. Ein bekannter Bischof hat einmal gesagt: „Wer das Leben nicht genießt, wird auf die Dauer ungenießbar." Wie recht hat er.

4. Osterlachen

Sicher, wir könnten Bände über unser Leben schreiben. Was wir hier niedergeschrieben haben, ist höchstens 10 % unseres Lebens. Aber ich denke, dass doch eine Linie deutlich wird. Es sind keine einfachen Memoiren. Es ist die Verkündigung eines frohen Glaubens unter Gottes Führung. Deshalb haben wir besonders die lustigen Erzählungen (Dönekes) ausgesucht, um die Freude, die aus dem Glauben kommt, darzustellen. „Die Freude an Gott ist unsere Kraft." In der Tat, der Glaube ist eine große Bereicherung für das Leben und erhöht unsere Lebensqualität. In vielen Predigten, allein 2500 Sonntagspredigten, haben wir gern unseren Glauben verkündigt, nie fanatisch, immer als Angebot und Einladung zum Glauben. Darüber sind wir uns beide aber einig: Die schönste Predigt haben wir vor einigen Jahren gehalten. Es ist die Predigt über das Osterlachen.

Damit wollen wir auch unsere Memoiren abschließen. Hier wird noch einmal wie in einem Brennpunkt unser Leben zusammengefasst. Im Letzten ist es der Osterglaube an die Auferstehung Christi, der unserem Leben einen frohen und tiefen Sinn verliehen hat.

Risus paschalis. – Osterlachen. – Haben Sie das schon einmal gehört? Im Mittelalter war das Osterlachen ein fester Bestandteil der Liturgie.

Osterlachen. – Man hat den Teufel ausgelacht. Hahaha! Teufel, du bist besiegt. Ja, Teufel, du hast Christus an das Kreuz gebracht. Du hast ihn dem Tod überliefert. Du hast dein Reich aufgebaut, das Reich des Bösen. Am Karfreitag hast du gesiegt. – Aber, wer zuletzt lacht, lacht am besten. Christus ist am Ostermorgen von den Toten auferstanden. Er hat den Tod und den Teufel besiegt. Er ist der Stärkere. Deshalb hat man in der Osternacht den Teufel ausgelacht. Hahaha! Das ist reine Schadenfreude. – Aber man hat auch noch aus einem anderen Grund gelacht. Es war ein Freudenlachen. Man freute sich, weil Christus uns ein neues Leben gebracht hat. Man hatte jetzt wirklich etwas zum Lachen. Hahaha! Mit Ostern hat ein neues Leben begonnen, ein Leben, das kein Ende mehr kennt. Unser Leben hat ein klares Ziel bekommen. Wie Christus werden auch wir auferstehen zu einem ewigen Leben. Unser Leben endet nicht mit dem Tod, versinkt nicht in einem Nichts, in absoluter Hoffnungslosigkeit, in Verzweiflung und Sinnlosigkeit. Nein, unser Leben endet in einer ewigen Freude, in einem ewigen Lachen.

Das Schönste aber an diesem Osterlachen bestand darin, dass der Priester nicht nur über das Osterlachen predigen musste, sondern dass er die Gläubigen durch witzige Bemerkungen in der Osternacht zum Lachen bringen musste. In der Osternacht mussten die Leute einmal richtig laut lachen. Und so habe ich mir in dieser Stunde auch einmal Gedanken gemacht: Wie bekommst du die Leute einmal richtig zum Lachen. Das fiel mir bei meinem großen Repertoire an Witzen nicht schwer. Ich denke, du musst irgendeinen schönen Witz über die Auferstehung erzählen. Da fiel mir also folgender Witz ein:

Der Bundeskanzler Adenauer regierte ja bekanntlich bis ins hohe Alter. Das war der SPD natürlich ein Dorn im Auge, denn so lange die CDU regierte, kam die SPD nicht dran. Nun aber war Adenauer endlich gestorben. Wo aber sollte man ihn beerdigen? Die Kölner sagten: „Der wird in Köln auf Melaten beerdigt, denn er war ja lange Oberbürgermeister von Köln." Andere meinten: „Er war ein frommer Katholik. Er muss in Rom beerdigt werden." Schließlich meinte einer: „Dann könnt ihr ihn ja direkt in Jerusalem beerdigen." Daraufhin meinte einer von der SPD: „Den könnt ihr überall beerdigen, aber nicht in Jerusalem. Da ist schon einmal einer nach drei Tagen wieder auferstanden." – Daraufhin fragte die CDU: „Ja, wer war das dann?"

Sehen, sie, das war reines Osterlachen. Von diesem Osterlachen sollte unser ganzes Leben erfüllt sein. Nur wer das begriffen hat, hat das Christentum eigentlich verstanden. Es geht im Christentum nicht in erster Linie um Gebote und Verbote. Es geht nicht in erster Linie um Moral: Du sollst nicht, du darfst nicht, du musst aber. Nein, es geht in erster Linie um das Osterlachen, um die Osterfreude. An Ostern hat Christus uns ein Leben ohne Ende geschenkt. Das ist der Kern der frohen Botschaft Christi. Dieses neue und ewige Leben wird uns in der Taufe geschenkt, anfanghaft, wie ein Samenkorn in unser Herz hineingelegt. Und deshalb sollte man allen Kindern bei der Taufe gleichzeitig den Orden wider den tierischen Ernst (Aachen) schenken. Denn wer an ein ewiges Leben glaubt, kann nichts mehr so tierisch ernst nehmen in dieser vergänglichen Welt. Mit der Auferstehung wird auch dieses Leben schon verwan-

Hl. Corona bitt für uns!

Heilige Corona

Der Überlieferung zufolge erlitt die heilige Corona zur Zeit einer Christenverfolgung (im Jahr 160 oder 177) im Alter von 16 Jahren gemeinsam mit dem heiligen Victor von Siena, einem Soldaten, das Martyrium.

Während Victor gemartert wurde, soll Corona zu ihm gekommen sein und ihm Trost und Mut zugesprochen haben. Aus diesem Grunde wurde sie verhaftet und verhört. Schließlich banden sie ihre Peiniger zwischen zwei herabgebogene Palmen, die sie beim Emporschnellen zerrissen. Victor wurde enthauptet.

Die **heilige Corona** wird als besondere Schutzpatronin gegen Seuchen um ihre Fürbitte angerufen und auch bei Geldangelegenheiten.

Vorderseite: Andachtsbild von St. Corona am Wechsel

INSTITUT ST. JUSTINUS

delt. Mit der großen Zukunft vor unseren Augen können wir auch jetzt schon froh und gelassen leben. Alles in dieser Welt wird relativiert. Was kann uns Christen schon passieren? Mag kommen, was da kommen mag, unser Leben endet in der frohen Gemeinschaft mit Gott. Hier hat der christliche Humor seine tiefste Wurzel. Wir tragen ewiges Leben in uns, und deshalb können wir mit Humor und einem leichten Lächeln auf diese vergängliche Welt herabschauen.

Und doch, ich gebe es zu, es gibt Situationen im Leben, da haben wir nichts zu lachen. Und wir sagen es auch: „Mir ist das Lachen gründlich vergangen." Das ist immer dann der Fall, wenn harte Schicksalsschläge, Not, Schmerz und Leid in unser Leben einbrechen, wenn uns das Leid schüttelt und wir das „arme Tier" bekommen. Aber ist es dann doch nicht wieder das Osterlachen, das uns Mut macht und Kraft gibt? Wir begreifen, das ganze Leiden ist doch nur Durchgangsstation. Auf jeden Karfreitag folgt immer ein Ostermorgen. Das Osterlachen erfüllt uns mit großer Hoffnung und Kraft, sodass wir durchhalten. Der hl. Paulus hat recht, wenn er sagt: „Die Leiden dieser Zeit sind nicht zu vergleichen mit der Herrlichkeit, die an uns offenbar werden soll."

Und manchmal sind es auch die lieben Mitmenschen, die uns das Leben schwer machen, die lieblos, böse, eifersüchtig, missgünstig und neidisch sind, die uns nicht den Dreck unter den Fingernägeln gönnen, die uns Knüppel zwischen die Beine werfen. Auch dann sollte uns das Osterlachen nicht verlassen, dann sollten wir daran denken: Wir sind alle keine vollkommenen Menschen. Wir haben alle unsere Fehler und Schwächen. Wie singen doch die Kölner in einem schönen Lied: Wir sind alle kleine Sünderlein, es war immer so, es war immer so, doch der Herrgott wird es uns verzeihen, es war immer, immer so. Ja, wir Menschen sind eben nicht vollkommen, und dadurch geht schon einmal etwas daneben in der menschlichen Beziehung. Dann gehen Sie mit Humor darüber hinweg und denken Sie: Es menschelt mal wieder. – Und nehmen Sie sich selbst nicht so wichtig, lachen Sie auch über sich selbst und Ihre Fehler, und denken Sie: Bei mir menschelt es ja auch.

Risus paschalis. – Osterlachen. – Aber, das meine ich nun ernst: Von heute an denken Sie jeden Tag an diese Predigt vom Osterlachen. Dann wird Ihnen jeder Tag gut gelingen. Dann wissen Sie: Gott ist bei uns, er ist von den Toten auferstanden. Auch wir werden von den Toten auferstehen. Und deshalb haben wir Christen immer etwas zu lachen.

FOTONACHWEIS

Alle Fotos wurden von den Autoren zur Verfügung gestellt,
außer Seite 99 und 105 © Andreas Lechtape, Münster

Wir danken allen Inhabern von Bildrechten für die Abdruckerlaubnis.
Der Verlag hat sich bemüht, alle Rechteinhaber in Erfahrung zu bringen. Für zusätzliche Hinweise sind wir dankbar.